Benjamin Ide Wheeler

Der griechische Nominalaccent

Benjamin Ide Wheeler

Der griechische Nominalaccent

ISBN/EAN: 9783743429765

Hergestellt in Europa, USA, Kanada, Australien, Japan

Cover: Foto ©ninafisch / pixelio.de

Manufactured and distributed by brebook publishing software
(www.brebook.com)

Benjamin Ide Wheeler

Der griechische Nominalaccent

DER

[GRI]ECHISCHE NOMINALACCENT

VON

BENJAMIN I. WHEELER
DR. PHIL.

MIT WÖRTERVERZEICHNISS.

STRASSBURG.
[VER]LAG VON KARL J. TRÜBNER.
1885.

DER

GRIECHISCHE NOMINALACCENT.

DER

GRIECHISCHE NOMINALACCENT

VON

BENJAMIN I. WHEELER
DR. PHIL.

MIT WÖRTERVERZEICHNISS.

STRASSBURG.
VERLAG VON KARL J. TRÜBNER.
1885.

G. Otto's Buchdruckerei in Darmstadt.

HERRN

PROFESSOR D^R. HERMANN OSTHOFF

IN DANKBARKEIT

GEWIDMET.

INHALT.

Einleitung	1—13
Regel I. Beibehaltung des ererbten Accents in monosyll. und disyll. Formen	13—38
A. Monosyll. Stämme der dritten Decl. . .	13—18
B. Unflektierte disyll. Formen	18—22
C. Disyll. Wörter im allgemeinen . . .	22—38
Neutrale *es*-Stämme	26—27
Participia auf -τός	27—28
Andere *o*-Stämme	28—32
Adjectiva auf -ύς	32
Substantiva auf -υς, -υ	33
Verbalabstracta auf -*tis*	33—35
Neutrale *men*-Stämme	35
Mascul. *men*-Stämme	36
Nomina agentis auf -*ter*	36—37
Andere disyll. Nomina	37—38
Regel II. Der Secundäraccent ersetzt einen dem Wortanfang näher liegenden Accent	39—55
A. Einzelne Etymologien	39
B. Oblique Casus von Proparoxytona . . .	39
C. Comparativa	39—41
D. Addierende Zahlworter	41—42
E. Composita mit recessiver Betonung . .	42—45
F. Composita mit privativem Alpha . . .	45—49
G. Vocativa	49—55
Regel III. Der auf der Stelle des Secundäraccents ruhende ererbte Accent bleibt	56—60
Regel IV. Daktylisch ausgehende Oxytona werden zu Paroxytona	60—104
A. Adjectiva auf -λος, -ρος	61—66
B. Participia perf. auf -μένος	66—68

C. Composita mit Verbaladjec. im zweiten Glied . 68—92
a. Charakter des zweiten Gliedes . . . 69—85
Active Oxytona und medio-pass. resp. abstracte Paroxytona nebeneinander im Griechischen . . . . . . 70—72
Nur eine der zwei Formen überliefert 72—78
Der sanskr. Gebrauch . . . . 78—81
Der german. Gebrauch . . . . 82—83
Ausnahmen . . . . 83—85
Anwendung auf andere als *o*-Stämme . 85
b. Verhältniss der drei Compositionstypen: *αἰγοβοσκός, μητροκτόνος, μητρόκτονος* . . . 86—92
D. Perispomena mit diphthongischer Paenultima . 92—94
E. Adverbia auf *-ίκα* 94
F. Adverbia auf *-κις* 94
G. Pronominalia auf *-λίκος* . . . . . . 94—95
H. *ὀπτέον* 95
I. Substantiva und Adjectiva auf *-ιος* . . . 95
K. Diminutiva auf *-ιον* . . . . 95—96
L. Zwei Substantiva auf *-νος* 96
M. Adverbia auf *-μα* . . . . 96—98
N. Oblique Casus der conson. Decl. . . . 98
O. *ἠύτε* 98
P. Anastrophe in Präpositionen . . . . 98—103
Regel V. Ein dem Wortende näher als die Stelle des Secundäraccents ruhender ererbter Accent entweder bleibt oder wird durch den Secundäraccent ersetzt . . . 104—119
A. Der ererbte Accent bleibt . . . 105—106
B. Der Secundäraccent tritt ein . . . 106—112
Doppelte Betonung . . . . 112—119
Der Secundäraccent in der Enklise . . . 119—132

DER GRIECHISCHE NOMINALACCENT.

Unter den Erscheinungen der griechischen Accentuation nimmt der sogenannte „recessive Accent“ eine eigenartige Stellung ein, da er, in auffallendem Contrast zu der gesetzlosen ‘Unregelmässigkeit’ der historischen Accente, durch eine einfache, durchsichtige Regel bestimmt wird und so, wie auch in anderen Hinsichten, einen verhältnissmässig jungen Ursprung verräth. *πέντε* und *ὀκτώ* bedurften zu ihrer Erklärung *páñca* und *ashṭā́*; *ἐβουλευέτην*, *ἐβουλεύετε* und *ἐβούλευον* richteten sich aber nach einem einfachen und in historischer Zeit noch lebendigen Princip.

Der Ausdruck „recessiver“ Accent, welchen, obwohl einen irreführenden, ich als allgemein acceptirt vorläufig noch beibehalten werde, bezeichnet im gewöhnlichen Gebrauch einen Accent, welcher sich vom Wortende so weit zurückzieht, wie das Dreisilbengesetz erlaubt. Diese rein äusserliche Schuldefinition hat sich aber vielfach die falsche Rolle einer wissenschaftlichen Auffassung angeeignet. Der Wahrheit näher wäre die Definition: ein Accent, welcher dem Wortende *nicht näher* tritt, als das Dreisilbengesetz zwingt. Auch dies ist jedoch mehr äusserliche Beschreibung als wissenschaftliche Definition und fasst zwei ziemlich unwahrscheinliche Voraussetzungen in sich: 1) dass der Accent, welcher ursprünglich weiter zurück im Worte oder Satze lag, in einer Art Bocksprung über die dazwischen liegenden Silben hinweggerückt wurde, bis er ohne Einbusse der Identität seine Ruhestätte auf der Antepaenultima oder Paenultima fand; 2) dass dieser Accent niemals einen *dem Wortende* ursprünglich näher liegenden Accent ersetze oder vertrete.

Den „recessiven“ Accent müssen wir also so aufnehmen, wie wir ihn vorfinden: als einen Accent, der auf der Antepaenultima oder Paenultima ruht, je nachdem ob die Endsilbe kurz oder lang ist.

Jeder Versuch einer Erklärung dieses Phaenomens wird nothwendigerweise von den durch Wackernagel Kz. XXIII 457 ff. gewonnenen Resultaten auszugehen haben. Seine Vorgänger bieten nichts haltbares. Der Scholiast zu Dion. Thrax Bekk. Anecd. 686, 113 erklärt die Beschränkung des Dreisilbengesetzes als Folge der Zwei- oder Dreisilbigkeit der alten Wörter; *Λέγομεν οὖν πρῶτον, ὅτι ἀδύνατόν ἐστιν ἐκταθῆναι τὴν φωνὴν πέραν τοῦ τοιούτου μέτρου, ἤτοι πρὸ τριῶν συλλαβῶν ὀξυνθῆναι· ἔπειτα οὐδὲ λέξις Ἑλληνικὴ θεματικὴ ἁπλῆ πρωτότυπος ὑπερβαίνει ποτὲ τὴν τρισυλλαβίαν.* Göttling allg. Lehre v. Acc. d. gr. Spr. 43 sagt, dass der Indicativ, Conjunctiv und Optativ des Verbums „ganz die alte naturgemässe Betonung“ beibehalten: auf derjenigen Silbe nämlich, „welche dem Hauptbegriffe möglichst nah ist“ (S. 15); während Bopp vergl. Accentuationssystem 18—23, in Einklang mit seiner Theorie, „dass die weiteste Zurückschiebung des Tons für die würdigste und kraftvollste Accentuation gilt“ (S. 16), in dem recessiven Accent einen Ausdruck der Kraft und der Energie findet, z. B. im Verbum finitum, wo die „Energie der Handlung durch die Energie der Betonung versinnlicht wird“ (S. 18).

Die Sache nahm aber eine ganz neue Wendung durch die glänzende Entdeckung von Wackernagel, dass der recessive Verbalaccent einfach „ein Surrogat der Enklisis“, eine „Quasi-Enklisis“ sei. Nach Verdrängung der minderzähligen ursprünglich betonten Formen des Nachsatzes durch die unbetonten des Hauptsatzes wurde die Enklisis ein fast allgemeines Characteristicum des griechischen Verbum finitum, und nun, da ein später erscheinendes Gesetz der Sprache die Zahl der Endsilben, die barytoniert werden können, beschränkt, „sucht die Sprache möglichst viel Silben tief zu betonen, wo sie nicht alle tief betonen kann“; *Ζεὺς ὄρνυσι* vertritt die Enklisis so gut wie *Ζεύς ἐστιν* oder *Ζεύς μοι* oder *Ζεὺς ἧμιν.*

Diese Wackernagel’sche Auffassung trifft im Wesen

durchaus das Richtige. Ich glaube aber durch eine erst unten (S. 8 f.) zur Sprache zu bringende Modification den Grundgedanken Wackernagels auf eine noch breitere Basis stellen zu können.

Ursprüngliche Tonlosigkeit im griechischen Verbum ist also nach Wackernagel durch den recessiven Accent ersetzt worden. Auf die Frage aber, wie gerade dieser Accent dazu komme, Vertreter der ursprünglichen Enklise zu sein, gibt uns Wackernagel keine weitere Antwort als seine Behauptung S. 458: „es sucht die Sprache möglichst viel Silben tief zu betonen, wo sie nicht alle tief betonen kann.“ Er bleibt also noch ungefähr bei der Pseudodefinition (vgl. S. 1.) stehen: ein Accent, der dem Wortende nicht näher rückt, als das Dreisilbengesetz zwingt. Was ist nun diese mysteriöse Kraft, die die Sprache beschränkt in Bezug auf die Zahl der Silben, die „sie tief betonen kann?“ Handelt es sich um ein allgemeines Gesetz der Sprache, welches ganz wie andere phonetische Gesetze das ganze Material der Sprache betrifft? Wie dürfen wir uns den Vorgang vorstellen, wonach ein solches Gesetz hat durchdringen können?

Die einzige Untersuchung, die, so viel ich weiss, über die Resultate Wackernagel's hinausgegangen ist, die nämlich seine Resultate auf die oben aufgeworfenen Fragen anzuwenden versucht, ist die von Bloomfield in dem American Journal of Philology IV 21 ff.: „Historical and critical remarks introductory to a comparative study of the Greek accent“. Dieser Artikel bietet eine besonders klare, kritische Uebersicht über die Litteratur des Gegenstandes, einen genauen Bericht über den jetzigen Stand der einschlägigen Fragen und eine Andeutung der für weitere Untersuchungen dieser Art nothwendigen Richtung und Methode. In folgenden zwei Punkten bezeichnen die Ansichten des Verfassers einen bedeutenden Fortschritt in Bezug auf die Frage der Geschichte des „recessiven“ Accentes.

Erstens behauptet Bloomfield ausdrücklich, was bei Wackernagel im besten Fall nur stillschweigend verstanden wird, dass sämmtliche verschiedenartige Erscheinungen der gewöhnlichen griechischen Enklise auf dasselbe lautliche Princip, welches den verbalen recessiven Accent bedingt, zurückzuführen und im Einklang damit zu erklären sind; d. h. sowohl λόγοι τινές wie παῖδές τινες und Ζεὺς ἧμιν. Ich citiere seine eigenen Worte (S. 43): „enclisis and recessive accent are ruled by the same law of the three morae". Ferner: „If we take the cases ....: ἄνθρωπός τις, παῖδές τινες, λόγοι τινές, we have in every case an enclisis which is rectified or rather cut short by the law of three morae as exhibited in the general recessive accent". Ueber die sehr schwierige Frage, wie diese verschiedenartigen Erscheinungen, z. B. λόγοι τινές, in Zusammenhang mit dem „law of three morae" zu bringen sind, gibt uns der Verfasser leider keinen weiteren Aufschluss. Ich komme weiter unten darauf zurück.

Zweitens wird von Bloomfield zu zeigen versucht, wie die Resultate Wackernagel's weiter als auf das Verbum finitum anzuwenden seien. S. 57 sagt er: „The explanation of the Greek recessive accent must start from the finite forms of the verb, where alone it is evidently at home". Den recessiven Accent hält er also für den historischen Nachfolger der Enklisis; vom Verbum aus wurde nach ihm dieser Accent, vermuthlich auf dem Wege der Analogie, auf das Nomen verbreitet; vgl. S. 30: „It is a fact perfectly clear, that the recessive accent in Greek, whatever its explanation, started with the finite forms of the verb, and thence succeeded in attacking nominal formations also" und S. 62: „No doubt the noun has to a large extent followed the verb in its enclisis". „The Indo-European accent", wie er auf derselben Seite richtig sagt, „could only change by regular phonetic law or by analogy". Er wird hier gezwungen, das letztere anzunehmen, da seine Auffassung des recessiven Accentes als eines solchen, der eigentlich nur in ursprünglich tonlosen, d. h. enklitischen Wörtern Platz gehabt habe, die Möglichkeit ausschliesst, diesen Accent in den Nominibus als etwas nach „regular phonetic law" entwickeltes zu betrachten. Die einzigen möglichen Fälle, soweit der vedische Accent uns in Bezug auf die indogermanischen enklitischen Satzbestandtheile Aufschluss gewährt, wären die Vocative und die dieselben bestimmenden Adjective oder Genitive, welche, meint der Verfasser, möglicherweise die Brücke bildeten, vermittels derer der Einfluss des Verbums auf das Nomen sich erstreckte, obwohl er (S. 62) aufrichtig zugibt: „The quantity of enclitic vocative material cannot have been very great in any language of the family, yet it may have at least helped on the analogy of the verb in its inroads upon the noun“.[1] Der Verfasser ist leider nicht weiter gegangen, als die Möglichkeit einer Methode anzudeuten, ohne sie auszuführen oder zu illustrieren. In Folge dessen ist es nicht ganz klar, ob er die ursprüngliche Tonlosigkeit des Verbums oder ihren historischen Nachfolger, den „recessiven“ Accent, als auf das Nomen übertragen betrachten will; seine Worte deuten auf das erstere, er meint aber wahrscheinlich das letztere.

Aus folgenden Gründen halte ich die Hypothese für unrichtig.

Erstens: es ist nicht leicht zu denken, wie dieser Uebergang eines allgemeinen Accentuationsprincips vom Verbum auf das Nomen habe stattfinden können. Dass das Verbum ein Princip, eine Abstraction, durch den Einfluss des Nomens geradezu adoptieren sollte, ist undenkbar. Einzelne concrete lautliche Erscheinungen bewirken aber einen solchen Einfluss, der um so grösser sein kann, je zahlreicher die eine solche Erscheinung aufweisenden Fälle sind. Das Princip siegt nur nachträglich durch die dasselbe illustrierenden concreten Fälle, aber auch dann nicht nothwendigerweise oder immer in unveränderter Gestalt. Dass die Form *δικαίων* (m. pl.) im Verein mit *δικαίοις*, *δικαίας* u. s. w. ein **δικαιῶν* (*-άων*) fem. in *δικαίων* umzuändern Veranlassung gebe (Curtius Kz. IX 332, Osthoff M. U. II 128. Perf. 200 Anm., G. Meyer griech. Gramm. § 371), ist leicht denkbar. So *ἀργυροῦς* (= *ἀργύρεος*) neben *ἀργυροῦ* (= *ἀργυρέου*), oder das umgekehrte in *εὔνου* (= *εὐνόου*) neben *εὔνους* (Osthoff Zs. f. d. österr. gymn. 1880 S. 59); dor. *Ἀλκμᾶν* (*-άων*) neben *Τιτᾶν* (ion. *Τιτήν*), *Ἀζᾶν* (ion. *Ἀζήν*) nach Meister z. griech. Dialektol. 4.

---

[1] Die allgemeine Verbreitung der Wurzelbetonung im Germanischen wird durch Formübertragung erklärt von Verner Kz. XXIII 129 f., Kluge germ. Conjug. 42 f. 133. Anders Scherer z. Gesch. d. deutsch. Spr. [2]86 ff.

Ein Oxytonon oder mehrere Oxytona beeinflussen ein anders betontes Wort, das mit ihnen in Verbindung steht, so dass es Oxytonon wird; vgl. ἑκυρός, skr. *çváçuras*, got. *swaihra* u. s. w. nach ἑκυρά, ahd. *swigar* u. s. w.; darüber weiter unten. Nun ist aber der recessive Accent kein specifischer Accent, sondern vielmehr ein Accentprincip, und fasst in sich Paroxytona, Proparoxytona und Properispomena, und um eine Vorstellung der Art und Weise zu bekommen, in welcher der recessive Accent sich über seine ursprüngliche Grenze hinausdehnen konnte, müssten wir uns die Paroxytona und Proparoxytona desselben Declinationssystems als von verschiedenen Mustern des Verbalsystems beeinflusst denken. Um mich eines rohen Beispiels zu bedienen: Formen wie ἀθάνατος, ἀθάνατον müsste man also durch andere wie ἐθάνομεν, ἔθανον, θάνοιμι u. s. w. beeinflusst ansehen; aber Formen wie ἀθανάτῳ, ἀθανάτου, durch andere wie ἀποθάνῃς, ἀποθάνοις u. s. w. Zwischen Verbum und Nomen ist auch nicht leicht eine Gelegenheit für „proportionale Analogiebildung" denkbar; man kann sich z. B. kaum vorstellen, dass ἀθανάτου neben ἀθάνατος entstehe, um dem Verhältniss ἐθανέτην : ἐθάνετον zu gleichen. Die Herodian'sche Erklärung πειθώ (acc. = όα) : πειθώ (nom.) : τιμήν : τιμή lässt sich aber ganz wohl hören, sei sie nun richtig oder nicht; vgl. Curtius Kz. IX 332, anders Schmidt Kz. XXVII 377 f.

Es scheint mir auch ein nicht unmöglicher Sprachvorgang der zu sein, dass eine Neigung, die Wurzelsilbe, wie z. B. im Germanischen, oder die erste Silbe, wie im Lettischen, oder auch die Penultima, wie im Polnischen, zu betonen, so fest im Sprachgefühl eingewurzelt werden kann, dass sie alle historischen Grenzen überspringt. Viel schwieriger, um nicht zu sagen unmöglich, ist es zu denken, wie sich ein die folgenden verschiedenartigen Typen umfassendes Sprachgefühl entwickeln sollte: (1) ἀποσχήσω (υ̲ υ̲ ˏ _), (2) ἀπόσχοιεν (υ̲ ύ̲ _ υ), (3) σχοῖεν (ύ̲υ̲ υ), (4) ἀπέχω (υ̲ ύ _), (5) ἀπέχετε (υ̲ ύ υ υ), (6) ἔχε (ύ υ).

Zweitens: wenn der recessive Accent als nur in ursprünglich tonlosen Wörtern zu Hause gedacht wird, dann ist der Verbindungsweg zwischen Verbum und Nomen, wie

Bloomfield selbst zugibt, auf die Vocativerscheinungen beschränkt. Dass aber das wirkliche Vorkommen der Enklise bei den Vocativen in Sanskrit auch noch erheblich weniger frequent war, als es nach der überlieferten vedischen Accentuation den Anschein hat, wird durch die von Whitney Oriental and Ling. Studies II 318—340 vorgeschlagene recht plausible Erklärung dieser Erscheinung gezeigt; hierauf kommen wir weiter unten zu sprechen.

Drittens: wie später (s. 201 ff.?) gezeigt wird, ist der „recessive" Accent in den griechischen Vocativen, z. B. Ἀγάμεμνον, keineswegs sicher als Nachfolger der Tonlosigkeit zu betrachten.

Viertens: es ist ein Mangel in der Wackernagel'schen Auffassung der Sache, und noch merklicher bei Bloomfield, dass die Enklisis als ein reelles Wesen betrachtet wird, als ein Ding an sich im Sprachgefühl, das als solches die Fähigkeit besitzt, sich einen Nachfolger zu erzeugen: der „recessive" Accent wird als Nachfolger der Enklise, gerade wie z. B. Spiritus asper von anlautendem σ, behandelt. Nun ist aber die Enklisis kein bestimmtes Element des Satzes, wie es ein Laut ist, sondern ein Name für die Erscheinung, wobei ein Theil des Satzes in der Aussprache tonlos gelassen wird. Im gewöhnlichen grammatischen Gebrauch des Wortes hat es freilich Bezug auf einen solchen Theil des Satzes, der als ein Wort bezeichnet wird; das heisst, wird als Bezeichnung für eine Erscheinung verwendet, wobei ein Satztheil, der unter anderen Umständen die durch einen Hauptton verliehene Individualität besitzt, ohne solche Anerkennung seiner Individualität übergangen wird. In der Phonetik des Satzes sind aber die vier letzten Silben in skr. *titikshāmahāi* ebenso sehr enclitisch wie die Verbform in *viçvā́ ékasya vinúdas titikshate* RV. II, 13, 3; die zwei letzten Silben φερόμεθα sowohl wie die zwei letzten in dem Lautcomplex ἄνθρωπόντινα. Die Silben -μεθα bilden den Rest einer Enklisis, die früher das ganze Wort bedeckte: *⊥ φερομεθα; desgleichen τινα den Rest der Enklise *-θρωποντινα. Das Eintreten des „recessiven" Accentes hatte bloss eine Beschränkung der Enklisis zu bedeuten. Ob der neue secundäre Accent auf eine Silbe der früheren 'Enklitika' fällt oder nicht, ist lautgesetzlich gleichgiltig.

Fünftens: insofern Bloomfield also den 'recessiven' Accent als Nachfolger bloss der Wortenklisis d. h. der Tonlosigkeit vollständiger Wörter betrachtet, lässt er dem Dreimorengesetze nicht die Geltung eines allgemeinen Lautgesetzes; es wird ihm zu einem syntaktischen, nicht zu einem lautlichen Element der Sprache, da er seine Wirkung nur gewissen Wortklassen zulässt. § 50 sagt er vom recessiven Accent: „it excludes, with particular care, non-finite forms of the verb in the same tense system and in evident connection with finite forms, exhibiting thus on Greek ground a most outspoken character as a grammatical quality of finite verbs.“ Wenn er dem von ihm S. 62 behaupteten Princip: „the reason of this phonetic law lies within the province of phonetics, just as, e. g. the rhotacism which changes in so many languages an *s* to *r*“ consequent gefolgt und seinem augenscheinlichen Glauben an die universelle und unfehlbare Wirkung der Lautgesetze (vgl. S. 31, 32) treu geblieben wäre, dann hätte er der Wirkung des Dreimorengesetzes keine solchen Schranken gezogen. Warum sollte nicht dasselbe Gesetz, welches **ἄνθρωποντινα* zu *ἀνθρωπόντινα* und idg. *jug^{2}óm bheroi̯medhə* (ai. *yugám bharemahi*) zu gr. *ζυγὸν φεροίμεθα* machte, auch idg. *su̯ā́di̯ōs* (ai. *svā́dīyān*) in griech. *ἡδίων* umgeformt haben? oder idg. *ń̥nepidhətos* (ai. *ánapihitas*) in gr. *ἀνεπίθετος*, oder idg. *ń̥nepidhətosi̯o* (ai. *ánapihitasya*) in gr. *ἀνεπιθέτου*, oder *pénk^{2}epodes* (ai. *páñcapādas*) in *πεντέποδες*? Dass Wörter von drei oder mehr Silben schon vor der Zeit der Trennung in der Grundsprache existierten, und dass einige von diesen vor der Antepaenultima betont waren, wird natürlich zugegeben. Wenn nun in dem Einzelnleben der griechischen Sprache ein Lautgesetz die möglichst weite Zurückziehung des Hauptaccentes auf die Antepaenultima bestimmte, warum sollte nicht dieses Gesetz den neuen secundären Accent denjenigen Wörter, deren drei oder mehr letzte Silben tonlos waren, ebenso zuweisen, wie denen, deren sämmtliche Silben tonlos waren?

Ja man kann hier fragen — und damit komme ich auf

den oben (S. 3) angedeuteten Modificationsvorschlag — ob es überhaupt nöthig sei, eine so radicale Verdrängung der betonten Verbalformen der Nebensätze, wie sie Wackernagel statuiren wollte, anzunehmen. Unseres Erachtens müssten z. B. in der historischen vorliegenden Form *φεροίμεθα* sowohl das ursprüngliche **φέροιμεθα* der Nebensätze als auch das ganz accentlose **φεροιμεθα* der Hauptsätze zusammenfallen. Dasselbe gilt von allen drei- und mehrsilbigen Formen des Verbum finitum, sowie auch von den zweisilbigen mit langer Ultima in der der altindischen ersten entsprechenden Praesensclasse, welcher *φέρω* angehört und welche ja die weitaus grösste Zahl aller im Griechischen vorkommenden Praesensbildungen umfasst. Ja die Zusammenfälle erstreckten sich sogar noch weiter: bei allen ursprünglichen, das Verbalsuffix *-o-*, *-e-* betonenden Praesensbildungen der *o*-Conjugation participirten daran die vier- und mehrsilbigen mit Hinzukommen der langen Endsilbe habenden dreisilbigen Formen, z. B. *λιποίμεθα, λιποίμην*, von Fünfsilbern *φοβεόμεθα* (= **φοβέομεθα* und **φοβεομεθα*). Dass dies ein mächtiger Hebel sein musste, um bei den Verhältnissen der Doppelformigkeit von *λίποιμεν* und **λιποῖμεν*, *δέδορκε* und **διδόρκε* die Ausgleichung gerade zu Gunsten der mit *φέροιμεν, φέροις* gleich aussehenden Bildungen herbeizuführen, ist klar. Das hiernach sich ausbildende Princip mochte es denn auch wohl mit sich bringen, dass gelegentlich auch einige ursprünglich haupttonige Formen der Nebensätze wie *εἶμι* und *οἶδα* sich im Sprachgebrauche befestigten, weil man solche eben mit den Hauptsatzformen *ἴασι*, **ἴδασι* (*ἴσασι*) derselbe Paradigmata auf gleiche Linie zu stellen lernte, und dass endlich diesen sogar noch Neubildungen in accentueller Hinsicht, wie *ἴμεν, ἴδμεν* für ursprüngliche **ἰμέν* und enkl. **ἰμεν*, **ἰδμέν* und enkl. *ἰδμεν* sich anschlossen.

Es wird der Zweck dieser Untersuchung sein, folgende Punkte zu erweisen:

1) Die ursprünglichen Erscheinungen des recessiven Accentes sind die Wirkungen eines lautlichen, das ganze Sprachmaterial beherrschenden Gesetzes.

2) Die Ausbreitung der neuen Accentuation auf dem

Wege der Analogie fand von Fall zu Fall und nicht als ein abstractes Princip statt.

3) Das sichtbare Resultat der Wirkung des genannten Gesetzes war die Entwickelung eines Accentes, der auf die Stelle im Satze fiel, wo, vom Ende eines Wortes oder einer mit einem Worte lautlich gleich geltenden Wortgruppe abgezählt, drei nach einander folgende Moren (beziehungsweise bei trochäischen Endungen mehrsilbiger Wörter vier Moren)[1] tonlos sind.

4) Die Entstehung des recessiven Accentes lässt sich am besten erklären durch die Annahme eines secundären, später theilweise zum Hauptttone entwickelten Accentes, der regelmässig auf die drittletzte Mora, in trochäisch endenden Mehrsilblern auf die viertletzte Mora fiel.[2] Ich gehe so weit und nehme diesen Nebenton für jedes spondäische, iambische oder polysyllabische Wort an. Die Aenderung von *⏑ φερομεθα in φερόμεθα kann nicht als eine plötzlich, ohne Vorstufe eintretende gedacht werden. Es muss eine Mittelstufe existiert haben, worin der alte indog. Accent und der neue Dreimorenaccent mit schwankendem Gebrauch je nach Massgabe der Satzverbindung in einer Art Gleichgewicht neben einander standen. Der Nebenton siegte immer in Wörtern wo die drei (resp. vier) letzten Moren von alters her tonlos waren: z. B. Ἀγάμεμνον statt *Ἄγαμεμνον, ἀνεπίκλητος statt *ἄν-. — Ganz in derselben Weise siegte er in Wörtern, wo der grundsprachl. Accent zwar dem Wortende näher als an der Stelle

---

[1] Es ist bezweifelt worden (vgl. Bloomfield. Am. Journ. IV. 49), ob hier von einem Lautgesetze die Rede sein kann, da ein Lautgesetz sich wahrscheinlich nicht mit Silbenzählen („count the syllables") abgeben würde. Wir wissen aber nicht inwiefern das, was die Enklisis in φερόμεθα auf die zwei Endmoren beschränkte, etwas anderes hätte sein können als ein Lautgesetz. Hier ist eine einfache Thatsache der Sprache; warum nicht die vier letzten oder die letzte allein? Oder ist vielleicht irgend ein „eternal fitness" in der Vertretung der Enklisis durch drei Moren, welches der feine Sinn der klassischen Sprachen entdeckt und zu Ehren gebracht hat?

[2] Die Anregung dieser Untersuchung war eine in den Vorlesungen vom Herrn Prof. Osthoff im Wintersemester 1882/83 ausgedrückte derartige Vermuthung.

des Nebentones lag, aber durch die jeweilige Stellung des Wortes im Satztakte abgeschwächt wurde; wie in τεσσερεσκαίδεκα neben dem τέσσαρες καὶ δέκα, welches ebenso gut eine Thatsache der Sprache war. τεσσαρεςκαίδεκα mit tonlosem δέκα entstand in der gleichen Reihe mit τρισκαίδεκα, πεντεκαίδεκα, ἑπτακαίδεκα. Ebenso vertritt εἴκοσι statt *εἰκοσί (vgl. unten) ein aus der Reihe τρεῖς καὶ εἴκοσι, πέντε καὶ εἴκοσι, ἓξ καὶ εἴκοσι u. s. w. entstandenes tonloses oder tonschwaches *εἰκοσι. In diesem Zustand des approximativen Gleichgewichtes standen, wie ich mir denke, die Accente kurz vor, vielleicht noch in der historischen Periode, und daraus könnte sich das Fehlen eines bedeutenden Einflusses auf den Vocalismus erklären; während der historische Vorgänger des griechischen Accentes, der indogermanische, sowohl wie sein Nachfolger, der neugriechische Accent bekanntlich eine wichtige Rolle in diesem Bezug gespielt hat.

Das neufranzösische scheint gerade gegenwärtig in einem solchen Uebergangsstadium begriffen zu sein; der ererbte Wortaccent auf der letzten vollen Silbe weicht vor einem neuen System, welches nicht ganz leicht zu bestimmen ist. Vgl. Alexander Ellis Transact. Philol. Soc. (London) 1873—74, pp. 113—164 „On the Physical Constituents of Accent and Emphasis." Ein Versuch zur Feststellung bestimmter Regeln ist von Charles Cassal a. a. o. pp. 260 ff. gemacht worden. Während die Berichte der Beobachter jetzt beträchtlich auseinandergehen, war unter den Beobachtern des vorigen Jahrhunderts die Endsilbe allgemein als Accentsilbe angenommen. Vgl. Ellis. a. a. o.

In dem attischen Dialekt siegte der neue secundäre Accent nur theilweise, während das Lesbische ihm in allen Formen, wo er eingetreten war, den Vorzug gewährte, so dass kaum eine Spur der grundsprachlichen Betonung geblieben ist; vgl. weiter unten S. 24 f. Die Strenge, mit welcher diese Regel durchgeführt wurde, sieht man daran, dass auch der Artikel, dessen „Proklisis" ihm zu einem Theil des folgenden Wortes macht, einen Accent erhalten kann: so lesb. ἤ σῃ = att. ἡ σῇ u. s. w. vgl. Joh. Gramm. Corn. Cop. Ald. 244 b.

Die Entwickelung des Nebentones zum Hauptton hat eine Parallele in der französischen Accentuation germanischer Fremdwörter. Vgl. Behaghel Zs. für rom. Philol. I 468, der hier die allgemeine Regel behauptet, welche nach einer, wie ich höre, von Behaghel acceptierten, von Prof. Osthoff mündlich vorgeschlagnen Modification folgende Formulierung enthält: das Französische legte den Ton auf die früher nebentonig gewesene Silbe des germ. Wortes, aber in gewissen Substantiven „leichtwichtiger Ableitungssilbe“ blieb der Ton auf der haupttonigen Silbe. Beispiele sind: *áleman* — *allemánd; bíwaht* — *bivác; spérwâri* — *épervier; hábersack* — *havresác; hértâri* — *herdiér* (altfr.); *bólwerk* (mhd.) — *boulevárd,* vgl. ital. *baluárdo; Strâzburc* — *Estrabórt* (altfr.); *hériberga* — ital. *albérga, albérgo,* afrz. *herbérge, herbérc,* nfr. *aubérge.*

thróscela — altfr. *trásle,* nfr. *trâle; stúpfila* — *estóble; hávan* — *háfne,* u. s. w.

Diese Auffassung von einem Gleichgewicht oder Schwanken zwischen dem indogermanischen und dem secundären Accent im Griechischen basiert sich auch nicht allein auf allgemeinen Analogien, sondern ist eine überlieferte Thatsache der Sprache. Wie verstehen wir sonst die Aussprache der Lautgruppe *ἄνθρωπόντινα* mit ihren zwei Accenten? In *δώδεκά εἰσιν* = idg. *du̯ṓdek'm̥ sn̥ti* (ai. *dvā́daça santi*) sehen wir den altererbten Accent beibehalten und daneben den Secundäraccent stehen. *δώδεκά εἰσιν* ist lautlich blos e i n Wort; **ἄνεπίθετος* mit zwei Accenten wäre ein ähnlicher Fall; darüber weiter unten.

Nach dem Beginn der Untersuchung fand ich, dass die Theorie von der Entwickelung des Hauptones aus einem Nebenton schon vor langem von Curtius ausgesprochen war; obwohl, meines Wissens, weder er noch irgend ein Anderer weitere Anwendung oder Bestätigung derselben versucht hat. Vgl. Fleckeis. Jhrb. 1855 S. 342: „Man hat es längst erkannt, dass die griechischen Grammatiker ihren Acutus nicht so wohl auf die einzig betonte als auf die letzte betonte Silbe eines Wortes setzen. . . . . . Das skr. *ábharāmahi* wird von dem gr. *ἐφερόμεθα* sich nicht absolut, sondern nur relativ im Ton unterschieden haben. Der sanskrit. Hauptaccent ward im Griechischen zum Nebenaccent und umgekehrt der skr. Nebenaccent zum Hauptaccent“.

5) Folgende Regeln für die Entstehung des griechischen (attischen) aus dem indogerm. Wortaccent werde ich hier festzustellen versuchen:

I. Monosyllabische Formen und disyllabische mit kurzer Endsilbe, d. h. alle Formen, wo der Secundäraccent nicht eintreten kann, erhalten den ererbten Accent intact. Sämmtliche anderen Formen werden nach folgenden Regeln behandelt.

II. Wenn der grundsprachliche Accent weiter zurück lag, als die Stelle des Secundäraccentes war, so erhalten sie den Secundäraccent.

III. Wenn der grundsprachliche Accent auf derselben Stelle mit dem Secundäraccent lag, bleibt er.

IV. Daktylisch ausgehende Oxytona werden zu Paroxytona.

V. Lag der grundsprachliche Accent dem Wortende näher, als die Stelle des Secundäraccentes war, dann tritt ein Schwanken ein, das später zu Gunsten einer der beiden Accentuationen ausfällt. Die Gründe der Entscheidung werden bei einigen Formen zu bemerken sein, bei anderen nicht.

I. Monosyllabische Formen und disyllabische mit kurzer Endsilbe erhalten den ererbten Accent intact.

A. Monosyllabische Stämme der dritten Declination.

Eine Vergleichung der wechselnden Betonung in *πούς*, *ποδός* etc. und ähnlichen Wörtern einerseits mit der monotonen Gleichmässigkeit anderer wie *Ἕλλην*, *Ἕλληνος*, deren Accentuation nach den starken Casus ausgeglichen ist, und andererseits mit ähnlichen Erscheinungen im Sanskr. zeigt, dass wir es hier mit einem Rest einer alten idg. Flexionsweise zu thun haben. Vgl.:

πώς (dor.)	skr. *pā́d*	Idg. *pṓts*
ποδός	*padás*	*p(e)dós*
ποδί	*padí*	*p(e)dí*
πόδα	*pā́dam*	*pódm̥*
πόδες	*pā́das*	*pódes*
ποδῶν	*padā́m*	*p(e)dóm*
ποσί(ν)	*patṣú*	*p(e)tsú*

ναῦς	skr. *nāús*	id. *náu̯s*
νηός	*nāvós*	*nāu̯ós*
νηΐ	*nāví*	*nāu̯í*
νῆα	*nāvam*	*náu̯m̥*
u. s. w.	u. s. w.	u. s. w.

Ζεύς	*Dyāús*
Διός	*divás*
Διΐ	*diví*
Δία	*dívam* u. s. w.
ὄψ	*vák*
ὀπός	*vāćás*
ὀπί	*vāćí*
ὄπα	*vāćam* u. s. w.

μῦς, μυός, skr. *mūsh* 'Maus'; φλόξ, φλογός 'Flamme', skr. *bhrāj*, *bhrājás*, *bhrājí* (φλογί) 'Glanz'; βοῦς, βῶς, βοός; *gāús*, *gām*, genit. *gṓs*, *gávas* etc.

ἀνήρ, ἀνδρός, ἀνέρα, ἀνέρες, skr. *nā*, *náras* (unurspr.), acc. *náram*, *náras* (nom. pl.).

Die Ursache dieser Erscheinung ist klar, sobald man zugibt, dass das Lautgesetz der drei Moren ursprünglich das Nomen sowohl wie das Verbum traf; gerade wie dem ἐστι erlaubt wurde, seinen ursprünglichen Toncharakter, d. h. die Tonlosigkeit, beizubehalten, so war es dem ποδός gestattet, seinen Accent beizubehalten, und aus demselben Grund; beide Formen fielen ganz innerhalb der nächsten Schussweite des neuen Accentes. Es könnte sich kein Nebenton auf ποδὸς entwickeln um dem indogermanischen Accent den Vorrang streitig zu machen.

*πόδος hätte wohl nach πόδε, πόδες entstehen können, wie in den meisten Nominibus geschehen ist, ist es aber nicht geschehen. Die dreisilbigen Formen fanden aber mehr Veranlassung zu einer Ausgleichung, da der Trieb dazu in der Mehrzahl der Fälle Bekräftigung erfuhr, entweder durch den 'secundären' Accent oder durch das noch unten zu behandelnde Gesetz, *_ ᴗ ᴗ́ < _ ᴗ́ ᴗ, z. B. ἀστήρ, ἀστέρος st. *ἀστερός; εἰκών, εἰκόνος st. *εἰκονός; ὀφρῦς (skr. *bhrūs*); ὀφρύος st. *ὀφρυός (skr. *bhruvás*); πατήρ, πατράσι st. *πατρασί (?), vgl.

τρισί[1] (= *trishú*), welches als Disyllabicum vielleicht den alten Accent beibehält. Eine Spur eines alten Accentwechsels bei den *ια*-Femininis (vgl. unten) wird gerade bei den Disyllaben *μία μιᾶς*, *ἴα ἰᾶς* bewahrt; vgl. J. Schmidt, Kz. XXV 36. Dass die monotone Accentuation der *o*-Stämme im Skr. und die natürliche und leicht erklärliche Neigung, den Accentwechsel in anderen Stämmen auf die Oxytona zu beschränken, keineswegs den zur Zeit der Sprachtrennung existierenden Zustand, sondern eine einzelnsprachliche Entwickelung vertritt, beweisen bekanntlich die zahlreichen Spuren von Accentwechsel im Germanischen (vgl. S. 23), der noch beibehaltene Accentwechsel im Litauischen und im Russischen (vgl. Kayssler Lehre v. russ. Acc. 18 ff.), Spuren eines weiter reichenden Accentwechsels im Skr. selbst wie *pánthās : pathíbhis : patháś* (vgl. Joh. Schmidt Kz. XXVII 370 ff), *mánthās : mathíbhis* u. s. w., *púmāṅsam : puṁsā́* u. s. w., *yákṛt : yaknáś; çákṛt : çaknáś*, die Flexion der Zahlwörter (Whitney § 483), einige Ueberreste wie *mánus : manaú* (RV. dreimal neben *mánau* zweimal, Lanman 411); *dákshiṇa- : dakshiṇā́ : dakshiṇé* (Lanm. 358), *dā́ru* (*δόρυ*): *drṓs; sā́nu : snṓs*; *ásiknī : asiknīyā́* (Lanm. 368), vgl. *ἄγυια, ἀγυιᾶς, ἀγυιᾷ κ. τ. λ.* Choerob. 407, 27 u. a., die meistens paroxyton accentuirten Infin. auf *-ase : jīváse, doháse, tujáse* u. s. w. (Wh. § 973) neben *mánas, mánase* u. s. w. und zahlreiche isolierte Casusformen wie *váktum : uktvā́; yáshtum : ishṭvā́; hántum : hatvā́* u. s. w. (vgl. Bopp vergl. Gramm. III § 861), *samanā́* (*sámana-*), *naktayā́* (*nákta-*), *madhyā́* (*mádhya-*, *μέσσος*), *ubhayā́* (*ubháya-*), *uttarā́t* (*úttara-*), *sanā́t* (*sána-*, *ἕνος*), vgl. Lanm. 358 u. ö., Kluge Kz. XXVI 92 f. Die skr. Nom. agentis auf *-tar-* bewahren Spuren eines alten Accentwechsels in der Entwickelung zweier Flexionssysteme, die meistens, aber nicht immer (Whitney § 1182[b]), einem syntaktischen Zwecke dienstbar gemacht werden. So lassen sich ved. *dātā́ram* und *dā́tāram* (RV. IV 31, 7) in Bezug auf Accent mit gr. *δωτῆρα* und *δώτορα* vergleichen. Weiter zeugen nach

---

[1] Auf diese Beispiele des eben genannten Gesetzes machte mich der Herr Prof. Brugmann durch briefliche Mittheilung aufmerksam.

meiner Ueberzeugung gr. Ueberreste wie *μήτηρ*, *μητρός*, dessen Nomin. einen älteren Accent aufweist als skr. *matá* und germ. *mōđár-* (vgl. Möller PBb. V 518); Lit. hat noch *mótė* neben *motė̃*, aber nur *duktė̃* (*duhitá*) (Kurschat § 748); die Verschiedenheit *μήτηρ*, *πατήρ* ist eher als alt zu denken, denn die Gleichheit *mātá*, *pitá*; *mōđár-*, *fađár-*. Das Schema **mātá*, *mātúr*, *mātáras* (*μητέρες*): *pitá*, *pitúr*, *pitáras* (*πατέρες*) glich sich durch Aenderung in *mātá* aus. Gerade so wurde noch im class. Skr. das Schema *páñca*, *pañcábhis*, *pañcānā́m*; *náva*, *navábhis* u. s. w.; *dáça*, *daçábhis*; *saptá*, *saptábhis*, *saptānā́m* : *ashṭá*, *ashṭábhis*, *ashṭānā́m*, durch das Eintreten von *sápta*, *áshṭa* ausgeglättet. Aehnlich wurde im Dorischen [1]*φράτηρ* (*bhrā́tā*, germ. *brōþar*) zu *φρāτήρ*. Anecd. Ox. I 346, 16 nach *πατήρ*, *πατέρες*; blieb aber im Att. wo es die Bedeutung eines Verwandtschaftswortes verlor, unverändert. Aehnlich lehnte sich *θυγάτηρ* (*duhitá*), *θυγατέρες* (*duhitáras*) an *μήτηρ*, *μητέρες* an; noch ein fem. Verwandtschaftswort mit recessivem Accent, das gleichfalls auf **θυγατήρ* gewirkt haben könnte, ist *εἰνάτηρ* (*εἰνατέρες* oder *εἰνάτερες*? vgl. Chandler Greek Accentuation § 672), skr. *yā́tā* (?).

κύων κυνός halte ich auch für älter als *çuvá*, *çúnas*, vgl. Osthoff PBb. III 74; Fick Gött. Gel. An. 1880 S. 424. Eine Ausgleichung nach dem Vocativ *κύον* scheint mir unwahrscheinlich. Aehnlich ist freilich *δύω* (*δύο*), skr. *duvá*.

Die einzigen Casus der mosyllabischen Stämme wie *πούς*, *ποδός*, *ὄψ*, *ὀπός* *κ.τ.λ.* die fähig waren, den Nebenton zu empfangen, waren die genit. du. und pl., und bemerkenswerth ist es, dass gerade allein in diesen Casus die Accentuationsausnahmen (*παίδων* u. s. w.) erschienen, welche für gewisse Wörter die Grammatiker fast einstimmig bezeugen. Der Accent des homerischen Wortes *κῆρ*, *κῆρος* wird von Brugmann Stud. IX, 296, Anm. für eine Fiction der Grammatiker erklärt, die es als Contraction aus *κέαρ* auffassten und die

---

[1] Für das Att. ist *φράτηρ* die einzig authentische Betonung; Choer. 86, 1; B. A. 992, 11; Choer. 320, 10; Anecd. Ox. I 346, 16 (Lentz, Herod. I 47, 23). *φρατήρ* findet man Et. Mag. 799, 34 und vielfach in hdschr. und modernen Lexicis.

Analogie von ἦρ, ἦρος (= ἔαρ) anwandten. Dass die Ausnahmen, πᾶς, πάντων, δμώς, δμώων u. s. w., eine speciell attische Eigenthümlichkeit sind, dürfen wir daraus vermuthen, dass sie dem dorischen Dialekt fehlen; vgl. Apoll. Dysc. De adv. 581, 21 (Bekk.), De pron. 22 B (Bekk.). Pamphilos verleugnet sie, ausser für τίνων, ganz; Schol. Ven. N. 103.

Ueber diese Erscheinung hat ausführlich gehandelt, aber ohne greifbare Resultate, Misteli Kz. XIX 91—103, 104.

Sämmtliche von den Grammatikern erwähnten Fälle, in welchen die Ausnahme zutrifft, sind: δᾴς, δμώς, θώς (κράς, κρᾶτός), παῖς, σής (σεύς Choer. 453, 24), Τρώς, φῶς, φῴς, τίς, πᾶς. Davon, so weit ich sehe, wird οὖς nur bei Joh. Alex. 19, 30 (Dind.) = Lentz Herod. I 429, 6 erwähnt; und φῶς bei Arcad. 132, 11 (Bark.). Die anderen haben mehr Autorität. Der Accent von τίνων (τίς, τίνος. κ.τ.λ.) hängt mit der Bedeutung zusammen; und πᾶς, πάντων wird wohl, wie Joh. Alex. Τον. παρ. 18, 32 gesehen hat, der Analogie der Partic. wie βάντων στάντων gefolgt sein. λάων (gen. sg. λᾶος) erkannten die Grammatiker selbst als von einem disyllabischen Stamm; Choer. 454, 6 (Gais.), Joh. Alex. Τον. παρ. 19, 1 (Dind.).

Die neun anderen in Betracht kommenden Formen zeichnen sich alle durch einen langen Stammvocal aus; vier davon gehen auf disyllabische Stämme zurück, und werden sich also im gen. und dat. sg. und dat. pl. wohl erst secundär nach der Betonung der echt monosyllabischen Stämme gerichtet haben: δᾴδων, δαΐδων (Hom.); ὤτων, οὔατος (Hom.) = [1]*ou̯sn̥-tos*, got. *ausô*, vgl. ὀνόματος = skr. *nāmatas*; παῖς = παΐς, vgl. Meister z. gr. Dialektol. 1 ff.; φῶς, φάος; φῴδων, φωΐδες Hippoc. u. a., — vielleicht auch κράτων Hom. κράατος κράατα u. s. w. So werden φῴδων und δᾴδων bei Arcad. 134, 17 und Choerob. 453, 1 (Gais.) erklärt; so auch παίδων, δᾴδων, κράτων bei Joh. Alex. Τόν. παρ. 18, 23 ff. Wir sehen aber nicht ein, warum diese Erklärung nicht

———

[1] Ueber Spuren eines ursprünglichen Accentwechsels in *ou̯sn̥-* vgl. Noreen PBb. VII 441.

ebensogut *δᾷδος, *παῖδος etc. (vgl. ἦρος, ἤρων = ἔαρος etc.) verlangen würde.

Weiter ist zu beachten, dass die Wahl des recessiven oder secundären Accentes in folgenden Formen Gelegenheit zur Bedeutungsunterscheidung bot: *κράτων* gegenüber *κρατῶν* von *κράτος* vgl. Choerob. II 453, 30. Arcad. 134, 16; *δμώων* gegenüber *δμωῶν* von *δμωαί*, vgl. Joh. Alex. 18, 18; *Τρώων* gegenüber *Τρωῶν* von *Τρωαί*, vgl. Joh. Alex. a. a. o.; *φώτων* gegenüber *φωτῶν* von *φώς* 'Mann'; *θώων* gegenüber *θωῶν* von *θωή*, Joh. Alex. a. a. o. Möglich ist es, dass wir hier theilweise (z. B. *δμώων*) mit blossen Grammatikerdifteleien zu thun haben.

Die sogenannten 'synkopierten' Formen *ἀνδρός*, *πατρός* u. s. w. behalten regelrecht die alte Betonung bei. Die ursprünglichen, nach Muster der schwachen Formen gebildeten *ἄνδρα* (st. *ἀνέρα*), *ἄνδρες* (st. *ἀνέρες*), *θύγατρα* (st. *θυγατέρα*), *θύγατρες* (st. *θυγατέρες*), *Δήμητρα* (st. *Δημητέρα*) u. s. w. werden nach dem Schema *πούς ποδός πόδα* etc. betont. *γυναικός*[1], *γυναίκα* (dor.), *γυναίκες* (dor.) haben einen alten Accent, der, wie *θυγατρός*, nach alter Erklärung *διὰ τὴν συνεκδρομὴν τῶν συγγενικῶν τῆς πατρὸς ἀνδρὸς μητρὸς* (Joh. Alex. 10, 20) bewahrt geblieben ist.

B. Unflectirte disyllabische Formen (mit kurzem Endvocal).

Die flectirten Formen müssen streng von den unflectirten geschieden werden, da jene den Störungen durch Ausgleichungen und Eintreten des Secundäraccentes mehr ausgesetzt sind; die unflectirten dagegen sind in der Lage, die grundsprachliche Betonung festzuhalten. Vgl.

δέκα, skr. *dáça*, got. *taihun*, ahd *zehan*, idg. *dékṃ* oder *dékṃt*; das *-ie-* von alban. *dietę* weist auf betontes *-e-* (G. Meyer Alban. Stud. II 70).

---

[1] Die Endung *-αικος* gleicht lat. *-īcis* in *genitrīcis* (Curt. Kz. IV 216). Das *-αι-* muss aber ein idg. *ai* wegen böot. *βανῆκας* vertreten, da ein disyll. *-αϊ-* niemals im Böot. zu *η* wird (Meister I 240). Denkbar ist eine Mischung von zwei Stämmen, die einen alten Ablaut *ā(i)* : *ăi* : *ī* haben; vgl. skr. *janīkā* 'Mutter'.

ὀκτώ, skr. *ashṭá* (vgl. *ashṭā́pād*); Alban. *tetę* spricht für oxyt. *ok¹tṓ* (G. Meyer Alban. Stud. II 66).

πέντε, skr. *páñca*, got. *fimf*, as. ags. *fîf*, idg. *pénk²e.*

ἑπτά, ved. *saptá*, got. ahd. *sibun*, as. *sibun*. Alban. *šta-te* weist auf oxyton. idg. *septḿ̥* (G. Meyer Alban. Stud. II 64 ff.). Osthoff M. U. I 97 ff. stellt die Vermuthung auf, dass der Accent in der class. Sprache (*sápta*) auf Grund des Vocalismus für den älteren zu halten sei; dagegen hat G. Meyer Alban. Stud. II 64 f., wie ich glaube, mit Recht, das höhere Alter der ved. Betonung vertheidigt. Ich mache auch auf die stetige Betonung *saptá-* in den Bahuvrīhicompositis sowohl der späteren als der ved. Sprache aufmerksam; vgl. *saptácakra-*, *saptágu-*, *saptágaṇa-*, *saptávidha-* u. s. w. Wie die späteren Betonungen *sápta*, *áshṭa* sich leicht erklären lassen, habe ich schon S. 16 gezeigt. Falls *ἑπτάν aus *septḿ̥* entstanden wäre, hätte es in Bezug auf Auslaut unter allen Zahlwörtern vereinzelt dagestanden und könnte somit leicht dem Einfluss von ἐννέα, δέκα (ὀκτώ) unterlegen sein. Aehnlich bildeten sich Gruppen im einzelsprachlichen Leben in Skr. (class.) *sápta, áshṭa, náva, dáça*; got. *sibun*, *niun*, *taihun*; lat. *septem*, *novem*, *decem*, *octem-*; lit. *septynì, asztůnì, dewynì*; air. *secht n-*, *ocht n-*, *nói n-*, *deich n-* und sonst. Vgl. auch herakl. ὀκτώ, ἐννέα nach ἑπτά.

ἔτι, skr. *áti* 'überaus', avest. *aiti*, lat. *et*, air. *aith-* 're-'.

μέσσοι (adv.), skr. *mádhye.*

ἔνθα 'da, damals, darauf'. skr. *ádha* 'da, damals, darauf, jetzt'. Die Ablautsverschiedenheit (vgl. de Saussure Syst. prim. 280 Anm.) ist dieselbe wie in skr. *sma*, gr. μέν und gr. (thess.) μα; skr. *çám*, gr. κέν und gr. κα (Joh. Spitzer Lautl. d. arkad. Dial. 8, Osthoff Perf. 342 f.); gr. αὖ und -υ in πάν-υ, skr. avest. *u* (Osthoff Perf. 331 f.). ἔνθα = lat. *inde*. Ahd. *unt-a, unt-i*, ags. *and* (*an* = *n̥?*) wären nach mündlicher Mittheilung des Herrn Prof. Kluge mit skr. *átha* 'dann, sodann, und' zusammenzubringen. Die germ. Formen würden dann auf Tonlosigkeit zurückweisen.

ἐντός 'innen', lat. *intus*. Skr. *antás* 'in, inmitten' ist in den meisten Sandhiverbindungen mit *antár* (Nebenform des Locat. *antári* = lat. *inter*) zusammengefallen. Für andere dergleichen Fälle vgl. Wh. § 176 c. So scheinen auch idg. *n̥dhós* und *n̥dhéri* (Nebenform *n̥dhér*) = got. as. *undar*, ahd. *untar* in skr. *adhás* zusammengefallen.

λίπα ist isolierter accus. v. Wz. *lip-*, vgl. λιπαίνω, λιπαρός und von derselben Bildung wie *rípam* Acc. v. *rip-* f. 'Verunreinigung, Betrug', √*rip-* 'schmieren', vgl. λίπος n. (st. *λιῖ-πος) 'Fett' = *répas* n. 'Fleck, Schmier'.

Als unflectirte Formen dürfen gelten:

ἐγών, skr. *ahám*;

ion. att. ἡμέας, ἡμᾶς; ὑμέας, ὑμᾶς etc., dor. ἁμέ, ὑμέ (über die Betonung Apoll. Περὶ ἀντ. 127, A. B. (Bekk.) = 100, 4 ff. (Schn.)), welche ein urgriech. *ἡμέ *ὑ̔μέ (vgl. Brugmann Kz. 27, 399) = idg. *n̥smé, i̯usmé* vertreten, vgl. skr. *asmát, yushmát; asmán, yushmán.*

Vgl. weiter: ἧος 'bis', skr. *yā́vat* 'wie lang' u. s. w.

τῆος 'so lang', skr. *tā́vat* 'so lang'; vgl. Curtius Rhein. Mus. NF. IV 242. Ueber das ς Brugmann Kz. XXIV 76, Anm. 2.

ἀτάρ 'aber' (mit ionischem Anlaut? der Spir. asper bleibt in böot. dor. ἅτερος, att. ἕτερος aber θἄτερον, vgl. Joh. Schmidt Kz. XXV 92 Anm., Gust. Meyer gr. Gramm. § 30) = ahd. *suntar*, as. *sundar* 'abgesondert, sondern'. Die Praepos. ἄτερ hat einen unursprünglichen Accent, worüber weiter unten.

Von den isolirten Casusformen des Stammes *per-*, *pr-* (Osthoff M. U. IV 283 Anm.) lassen sich vergleichen:

Accus. indog. *pérm̥*: skr. *pára* 'weiterhin'.

Accus. indog. *pérm̥̄*: skr. *párā* 'fort, hin, über' = πέρᾱ 'ultra'.[1] Hier sind die Bedeutungen offenbar dem Accus. und nicht dem Instrum. gehörig.

---

[1] Dieselbe Vertretung von *m̥̄* möchte ich auch in den Adv. ἕκητι (dor. ἕκᾱτι) 'wegen, um — willen' (mit genit.) finden; so ἀέκητι. Für diese in Vocalismus und Accent ganz eigenthümliche Form hat Osthoff kürzlich eine recht befriedigende Erklärung gegeben (Gesch. d. Perf. 334 ff.): er sieht in ἑκᾱ- eine Casusform eines Nomens der Wurzel idg. *vek¹-*, skr. *vaç-*, vermehrt um die Partikel -τι = skr. *cid*. Er will in dem ἑκᾱ- aber einen Instrum. von einem *ā*-Stamm sehen. Ich ziehe vor einen Accus. = idg. *vékm̥̄* zu sehen. Dann haben wir denselben consonantischen Stamm wie einerseits in apers. *vas-iy* Locat. sg. (Osthoff Perf. 336), andererseits in ἕνεκα, ἕνεκα, wo *ϝέκ-α auch Acc. mit

Instrum. idg. *pr̥rá (prá):* skr. *purá* (?) 'vormals, zuerst, bald', gr. *παρά* 'neben'.

Dativ. idg. *pr̥rá̆i̯ (prái̯):* gr. *παραί* 'neben, vorbei'. Stammausgleichung zeigt skr. *paré* 'darauf, künftig', statt **puré*.

Locat. idg. *péri:* skr. *pári* 'rings, um', griech. *περί*. Nach der Vulgatansicht vertritt gr. *πέρι* in der Anastrophe das ursprüngliche (anders unten); *pári* weist hier den Accent auf, der zu dem Vocalismus und der Casusbildung (locat.) stimmt; vgl. *patári*, *πατέρι*.

Genit. *pr̥rós (prós):* skr. *purás* 'voran', gr. *πάρος*.

---

schwächster Stufe des Casussuffixes sein kann; und, was auch zu beachten ist, eine genügende Erklärung für die Syntax des Wortes ergäbe sich durch die Parallele von *γυναικὸς χάριν*, Eur. J. T. 566, 'wegen' 'um -- willen'; *λύκοιο δίκην*, Pind. P. 2, 84, 'nach Art und Weise'; *ἄδην* (*ἄδην*) 'zur Genüge' in *ἄδην — πολέμοιο* N. 315, vgl. *ε*. 290; *δέμας πυρός* N. 596 u. s. w. Es ist erwägenswerth, ob nicht viele altind. barytone Adverbia auf *-ā*, die gewöhnlich als Instr. mit abweichendem Accent erklärt werden (cf. Lanm. 339, 358 u. ö.), vielmehr als Accus. anzusehen sind, z. B. *gúhā* 'im Versteck' (Lanm. 500), vgl. *gúh*, f. 'versteck'; das Wort wird gewöhnlich als abgekürzter Instr. v. *gúhā* f. erklärt. Ferner *dívā* 'bei Tage' (RV. 25 mal, AV. 13, Lanm. 433), gewöhnlich als Instr. v. *div-* mit 'zurückgezogenem' Ton erklärt, dürfte schon allein in Anbetracht des so häufig gegensätzlich dazu gesellten *náktam* 'bei Nacht' kaum einem anderen Casus als dem Acc. zuzuweisen sein.. Die Bedeutung ist hier überall dem Accus. völlig gemäss. Aehnlich wie *dívā* neben *dívam*, steht *sádā* neben *sádam* 'allezeit', 'stets' (beide RV.). Nach Grassm. u. PW. sind diese von *sa-* abgeleitet; wie, weiss ich nicht. Möglich scheint mir eine Ableitung von der Wurzel *sad-* im Sinne 'bleiben'. Die Bedeutungsentwickelung ist nicht schwieriger zu begreifen, als die von s t e t s aus s t e h e n. Das Wurzelnomen *sad-* kommt nur in Compos. vor: *sadanāsád* 'im Sitze sitzend', *vyomasád* 'im Himmel wohnend'. Ich erwähne endlich *tánā* 'fort und fort', neben *tán-* f. (Instr. *taná*) 'fortlaufend', 'Dauer'; vgl. Lanm. 479. Das „adverbial shift" in *upavyushám, āvyushám, āprāvr̥shám, ājarasám* (Lanm. 495, 561) ist ganz anderer Art, und kommt nur in Compositis als die regelrechte Avyayībhāva-Betonung vor: vgl. *αὐθημερόν* neben *αὐθήμερος*, worüber weiter unten. — Wenn sich auf Grund der Analogie solcher accusativischen Adverbia wie *gúhā*, *dívā*, *tánā* ein Betonungsprincip entwickelte, mochte demselben später wohl auch *simā*, RV. VIII, 4, 1, 'allenthalben', PW. (vgl. Lanm. 339) neben dem *o*-Stamm *simá-* 'jeder' folgen.

Die idg. Nebenform *prós*, wenn im griech. vertreten, wäre mit πρός (Nebenform von πρότι vor Vocalen, Osthoff M. U. IV 382 f.) zusammengefallen. Ueber den Accent von πάρος wird weiter unten gesprochen.

Auf ein idg. Wort (*ésk²e* 'zu') scheinen auch zurückzugehen: skr. *ácchă*, gr. ἔστι (lokr. ἔντε Neubildung(?)), abulg. *ešte*, und auf ein idg. *ósk²e* vielleicht lat. *usque*. Die drei letzten sind von Burda KS-Beitr. VI 89 f. verglichen worden; *ácchă* und *usque* von Bloomfield Am. Journ. Phil. VI 41 f.

Falls der Accent der Anastrophe in Präpositionen, wie die Vulgatansicht ist, den bewahrten indog. Accent repräsentire, dann gehören auch hierher ἄπο, skr. *ápa*, got. *af*; ἔπι, skr. *ápi*; πέρι, skr. *pári*; ὕπο, skr. *úpa* (anders aber unten).

C. Disyllabische Wörter im Allgemeinen.

Nach unserer Theorie erwartet man, dass alle disyll. Wörter trochäischer oder pyrrhichischer Messung im Griechischen ihren Vertretern in den verwandten Sprachen hinsichtlich des Accentes genau entsprechen. Die strenge Anwendung dieses Princips stösst aber auf zweierlei Hindernisse:

a. Der Vocalismus- und Accentwechsel, der der ursprünglichen Nominalflexion zukam, war zur Zeit der Sprachtrennung noch nicht vollständig ausgeglichen; darüber schon S. 15. Literatur: Osthoff M. U. I 211 Anm., II 10 ff., de Saussure, Mém. sur le syst. prim. 221 ff., Paul PBb. VI 545 f., Joh. Schmidt, Kz. XXV 51, Noreen PBb. VII 431 ff., Möller PBb. VII 492 ff., Leffler Tidskrift. NF. IV 285. Kluge Kz. XXVI 92 ff.

Obwohl zur Zeit der Trennung ein erster Ansatz zu einer Ausgleichung, die auch bei einigen Stämmen (z. B. *o*-Stämmen) und Wörtern weiter gegangen war als bei anderen, zweifellos schon gemacht worden war, wählten doch die verschiedenen Sprachen und theilweise die verschiedenen Dialekte derselben Sprache in ihrem Sonderleben entweder:

1) Verschiedenen Accent und verschiedenen Vocalismus; z. B. skr. *cakrá-* (m. n.), gr. κύκλος, abulg. *kolo* n. etc. etc. sollen auf etwa folgende Flexionsverschiedenheit zurückgehen

(vgl. Möller PBb. VII 502, Kluge, Kz. XXVI 100, Osthoff, PBb. VIII 258—261):

k²ek²ólo-, k²ek²ló-, k²kólo- (= *k²ólo-* und vielleicht *k²ék²lo-*), die folgendermassen reflectirt werden soll:

k²ek²ólo- = ags. *hveoȝul.*

k²ek²ló = ags. *hveol*, neng. *wheel*, isl. *hjol*, skr. *cakrá-* etc.

k²ólo- = abulg. *kolo.*

kéklo- = κύκλος, ags. *hveohl*, an. *hvél* (**hvehl*).

πόλις = idg. *pólis*, skr. *purí-* = idg. *p̥lís.* Vgl. de Saussure Syst. prim. 262 ff. ὦνος = idg. *vósnos*; skr. *vasná-s* = idg. *vesnós* (*-es-* ist wohl 'nebentonige Tiefstufe'), Osthoff M. U. II 12.

Interessante Fälle von verschiedener Wahl innerhalb der verschiedenen Dialekte derselben Sprache (Germ.), haben Noreen und Kluge aa. aa. OO. (vgl. ausserdem Noreen, altisl. u. altnorw. Gramm. §§ 262 ff.) gegeben. So ags. *hveoȝul, hveol,* an. *hvél;* ahd. *zahar,* ags. *tear* (= **teahor*), got. *tagr,* ags. *teagor.*

2) Gleichen Accent und verschiedenen Vocalismus, z B.: ion. ἔρσην, lesb. ἔρσεν: ion. ἄρσην, skr. *vŕshan-* (Joh. Schmidt Kz. XXX 23); ὁμός, skr. *samá-* (Brugmann Kz. XXIV 2, M. U. III 102 ff, Osthoff M. U. I 208 ff. Anm.); ὕπνος, skr. *svápna-* (Osthoff M. U. II 11, Möller PBb. VII 501); θέμα, skr. *dhā́man-*; δωτήρ, skr. *dātā́* (daneben allerdings δώτωρ skr. *dā́tā*), δοτήρ etc.

3) Gleichen Vocalismus und verschiedenen Accent, z. B.: ἀγρός, skr. *ájra-* 'Weidetrift'. Zu dieser Kategorie gehört aber eine verhältnissmässig geringe Anzahl von Fällen, wenn wir nämlich die weiter unten noch zu behandelnden Erscheinungen wie τόμος : τομός; τρόπος : τροπός, *ésha- : eshá,* φόνος : *ghaná-,* worin die Ausgleichung des Accentwechsels sich nach einer bestimmten Regel an eine Bedeutungsverschiedenheit angeknüpft hat, ungerechnet lassen.

b. Ein zweiter Grund, warum gerade die flectirten Formen einer Abweichung von der grundsprachlichen Betonung mehr ausgesetzt sind als die unflectirten, hat mit einer speciell griechischen Lauterscheinung zu thun.

Obwohl der Nominativ eines zweisilbigen Nomens dem 'secundären' Accent nicht zugänglich sein mag, werden doch einige der anderen Casusformen es immer sein können; z. B. *σοφός* aber *σόφου* (vgl. oben S. 10 f.). Und die Neigung zur Gleichmässigkeit in der Flexion vermochte dann wohl den einmal in die iambischen oder spondäischen Formen aufgenommenen recessiven Accent durch Analogie auf die trochäischen resp. pyrrhichischen hinüber zu führen. Solches war durchweg der Fall im aeolischen (lesb.) Dialekte. Wörter von mehr als zwei Silben konnten auch im Nom. und Accus. den secundären Accent empfangen und thaten es im Lesb.: *ποταμός*, lesb. *πόταμος*; *βασιλεύς*, lesb. *βασίλευς*. So auch Wörter langer Endsilbe: *Ἀτρεύς*, lesb. *Ἄτρευς*.

Lautgesetzlich ist das Verhältniss wie im folgenden Schema:

Attisch [1]	Lesbisch	Sanskr.
θῡμός	**θῡμός*	*dhūmás*
θῡμοῦ	*θῡ́μω* (*θῡ́μοιο*)	*dhūmásya*
θῡμῷ	*θῡ́μω* (*θῡ́μωι*)	*dhūmā́y-a*
θῡμόν	**θῡμόν*	*dhūmám*
**θῡ́με*	*θῦμε*	*dhū́ma*
θῡμώ		*dhūmā́* (*-ā́u*)
θῡμοῖν		
θῡμοί	*θῦμοι* (*θῡμοί*?)	
θῡμῶν	*θῡ́μων*	**dhūmā́m* (vgl. *carā́thām* RV. I, 70, 3)
θῡμοῖς	*θῡ́μοις*	*dhūmā́is*
θῡμούς	*θῡ́μοις*	*dhūmā́n.*

[1] Die scheinbare Schwankung der attischen Betonung zwischen Circumflex und Acutus darf nicht irre führen; der Ton liegt hier, ausser im Vocativ, immer auf dem 'thematischen' Vocale. Vor vocalisch anlautenden Wörtern in engerer Satzverbindung geht das Schluss-*ι* des Nom. plur. zum Anlaut des folgenden Wortes über (vgl. Hartel Hom. Stud. III 7 ff.), und das *-ο* bekommt rechtmässig den Acutus, welcher auf den Accus. plur. nach dem Verhältniss *θυμός* : *θυμόν* übertragen wird; anders aber jetzt Hanssen Kz. XXVII 612 ff.

Lesbisch *θυμός und *θυμόν glichen sich leicht mit den anderen Formen in θῦμος, θῦμον aus.

Nach unserer Erklärungstheorie sollten wir nun aber erwarten, dass *unflectirte* Disyll. mit kurzer Endsilbe von der Barytonesis verschont geblieben seien, und, dass solches der ursprüngliche Thatbestand wirklich war, dafür haben wir, glaube ich, unter den spärlichen auf den lesbischen Accent bezüglichen Grammatikerberichten eine wichtige Hindeutung in dem ausdrücklichen, mehrfach wiederholten Zeugnis, dass bei den Präpositionen und Conjunktionen der Accent im Lesb. bleibt, wie in den anderen Dialekten. Genannt werden: ἀνά, κατά, διά, μετά, ἀτάρ, αὐτάρ; vgl. Meister gr. Dial. I 31 f. Und die Autoritäten dafür sind: Choerob. in Theod. 843, 6 (Gais.) = Lentz, Herod. II 825, 3; Apollon. Περὶ ἀντ, 93 B (Bekk.); Schol. Dion. Thr. Bekk. An. 929, 16; Apollon. Περὶ συντ. 309, 15 (Bekk.).

Von den Zahlwörtern kann man die Bewahrung der Oxytonesis nur bei *ἑπτά erwarten; die anderen waren entweder schon urgriechisch baryton wie δέκα πέμπε oder dem secundären Accent zugänglich wie ὄκτω (att. ὀκτώ) und *ἔννεα (att. ἐννέα).

Von den Adverbien werden auch die allermeisten entweder urgriech. Barytona, wie μέσσοι, τυῖδε, δεῦρυ, ἔσω, ἐπάνω, ἔξω, ἄνω, κάτωθεν, πρόσθεν, πρόσθα, ἄλλοτα (ἄλλοτε) ὄπισθα (ὄπισθεν), ὔπερθα (ὔπερθεν), αἶθε (εἴθε), αὖτε, ὄπποτα, oder der Barytonesis zugänglich gewesen sein, z. B. ἄϊ, ἄϊν (αἶϊ, αἶιν?) = ἀεί (wegen der Länge des lesb. ῑ vgl. Meister I 72 u. 195.), ἔνδοι (att. ἐνδοῖ auch ἔνδοι).

Ob dann der recessive Accent sich hier auch auf analogischem Wege über seine Grenzen hinaus verbreitete, können wir nicht genau wissen; wir müssen es aber vermuthen.

Dass die lesbische Betonung nicht eine reine Sonderentwickelung auf lesbischem Gebiet war, sondern nur eine, so zu sagen, Uebertreibung von dem, was uns in anderen Dialekten, vornehmlich im Attischen, bekannt ist, ergibt sich daraus, dass *der Rücktritt des Accentes überall dieselbe Beschränkung erlitt*.

Ich führe nun im Folgenden alle zweisilbigen flectirten

Wörter an, für welche ich eine sichere Accentvergleichung in den verwandten Sprachen bemerkt zu haben glaube. Anspruch auf Vollständigkeit kann ich aber selbstverständlich nicht machen. Partielle Etymologieen wie *βρέφος* n., skr. *gárbha-* m.; *θρασύς*, skr. *dṛshṇú-*; *ὀστέον*: skr. *ásthi-*; *ἐέρση* f., skr. *varshá-* m. n.; *ἦτρον*, ahd. *âdara* f. (urgerm. *ḗþ-*); *θύρα* f., skr. *dvā́ra-* n.; *κόρση* f., skr. *çīrshá-* n. u. s. w., haben hier natürlicherweise keinen Zweck.

Für die im Folgenden auszuführenden Vergleichungen behaupte ich keineswegs, dass sie jedesmal wirkliche Existenzen der Grundsprache vertreten; mögliche Bildungen und auch zum guten Theile wirkliche werden sie aber doch vertreten.

Neutrale *es*-Stämme.

Die durchgehende Uebereinstimmung zwischen dem Griechischen, Sanskrit und Germanischen, und die regelmässige Betonung der Substantiva auf der Wurzelsilbe lässt hier auf eine schon zur Zeit der Sprachtrennung theilweise, wenn nicht ganz, erfolgte Ausgleichung schliessen, wozu die Verwendung der Verschiedenheit zu einem syntaktischen Unterschied *ψεῦδος* : *ψευδής*, *ápas* 'Arbeit' : *apás* 'thätig', *yáças* 'Schönheit' : *yaçás* 'schön' eine Veranlassung wahrscheinlich gegeben hat. Dass aber irgendwann in vorhistorischer Zeit ein Accentwechsel innerhalb derselben Flexion existirt haben muss, zeigen die Infinitiva auf *-ase*, welche in der grossen Mehrzahl der überlieferten Fälle (nach Whitney § 973 fast drei Viertel) paroxyt. sind: *jīváse, tujáse, doháse* etc. Die anderen sind alle wie die Substantiva auf der Wurzelsilbe betont. Weiteres Zeugniss bringen, wenn die Deutung von Joh. Schmidt Kz. XXV 24 das richtige trifft, gr. att. *ἀεί*, *αἰεί* = **αἰϝεσί*, und lak. cret. *αἰές*, herakl. *ἀές*, welches sich zu **αἰϝεσί* verhält wie *mūrdhán* zu *mūrdháni*, *ὑπέρ* zu *ὑπείρ* (*ὑπέρρ*) = skr. *upári*; Osthoff M. U. IV 382, Brugmann gr. Gramm. § 54.

Zu vergleichen sind:

ἄγκος 'Schlucht', *áñkas-* 'Krümmung'; *ἄγος* 'Scheu', **yájas-* 'Verehrung', *yajás* 'verehrend' (RV. VIII, 40, 4); *αἶθος* 'Brand', *édhas-* 'Brennholz' (auch *édha-s* m.); ἄνθος 'Blüthe', *ándhas-* 'Kraut'; γένος 'Geschlecht', *jánas-* 'dass.'; ἕδος 'Sitz', *sádas-* 'dass.', an. *setr* n. (= urgerm. *sétez-*); εἶδος 'Gestalt, Form, Idee', *védas-* 'Kenntniss'; δήνεα (*δῆνος) 'Rathschlüsse', *dáṁsds-* 'herrliche That, wunderbare Wirkung'; ἔπος 'Wort', *vácas-* 'dass.'; ἔτος 'Jahr', lat. *vetus*, alban. *viet* 'Jahr', worin *-ie-* ein haupttoniges *-e-* vertritt, vgl. Gust. Meyer Albanes. Stud. II 19; θέρος 'Sommer', *háras-* 'Flammenguth'; κλέος 'Ruhm', *çrávas-* 'dass.'; μένος 'Muth', *mánas-* 'Sinn'; νέφος 'Wolke', *nábhas-* 'Nebel'; *αὖγος cf. ἐρι-αυγής, skr. *ójas-* 'Kraft', avest. *aojô*, lat. *augus-tus*; πέος 'männliches Glied', *pásas-* 'dass.'; πῖος 'Fett', *pîvas-* 'dass.'; πλάτος 'Breite', *práthas-* 'Ausdehnung'; τέλος 'Ende', *táras-* 'rasches Vordringen, Erfolg' (adj. *tarás* 'hervordringend' = -τελής); τένος 'Sehne, Band', skr. *tánas-* 'Nachkommenschaft'; ἕλκος 'Geschwür' (Warum Spir. asp.?), *árças-* 'Hämorrhoiden'; ἔρεβος, skr. *rájas-*, got. *riqiz* gehören nicht hierher, vgl. unten; skr. *sáhas-* 'Macht, Sieg', got. *sigiz-*, an. *sigr*, ags. *sigor*.

Folgende Vergleichungen sind wegen verschiedener Ablautswahl und aus anderen Gründen weniger genau:

ἄγος 'Schuld', *ágas-* 'Sünde'; in ἀνᾰγής 'rein' ist das kurze α- zu Hause. λίπος 'Fett', *répas-* 'Fleck, Schmutz' (λῖπος Draco 62, 16 Herm., Et. Mag. 566, 40); φλεγος · τὸ φλέγμα Hesych., *bhárgas-* 'Glanz'.

ἄχος 'Angst', got. *agis* 'Furcht' sind mit skr. *áṅha-s* 'Bedrängniss' unmittelbar nicht zu vereinigen.[1]

Participia auf -τός.

βατός 'gangbar', *gatá-s* 'gegangen'; βλαστός 'Schössling', *vṛddhá-s* 'erwachsen' (?); γνωτός, *jñātá-s* 'bekannt'; δᾰρτός, δρᾰτός 'abgehäutet', *dṛtá-s* 'zersprengt'; -δετός 'gebunden', *ditá-s* 'dass.'; ζεστός, *-yastá-s* 'gesiedet'; κλυτός, *çrutá-s* 'berühmt', ahd. *hlût*, as. ags. *hlûd* = urgerm. *hlūđó-* (Osthoff M. U. IV 83); σεπτός 'verehrt', *tyaktá-s* 'verlassen' (Brugmann, Kz. XXV 302); στρατός 'Lager', 'Heer', *stṛtá-s* 'ausgebreitet';

---

[1] Das Verhältniss von εὖρος zu skr. *váras-* 'weite Ausdehnung ist nicht klar; de Saussure Mélanges Graux p. 743 setzt zur Vermittelung ein *ἐϝ(ε)ρος an.

φατός 'getödtet', *hatá-s* 'geschlagen, getödtet'; *φυτόν* 'Gewächs' (*φυτός* spät), *bhūtá-m* 'das Wesen, die vergangene Zeit'; *βροτός* 'sterblich' (woher der Vocalismus?), *mr̥tá-s* 'todt' (daneben steht ein idg. Substantivum *mr̥tom* 'Tod' = ahd. *mord*, an. *morð*); *θετός*, skr. *hitá-s* 'gesetzt'; *στατός*; skr. *sthitá-s* 'gestellt, stehend'; *-νιπτός*, skr. *niktá-s* 'gewaschen'; *φθιτός* 'geschwunden' etc., skr. *kshitá-s* 'erschöpft'.

Andere Stämme auf *-o*.

αἰθός 'funkelnd, verbrannt', skr. *-edhá-s* in *agnyedhá-*; *ἁγνός* 'heilig', *yajñá-s* 'Huldigung'; *ἀγός* 'Führer', *ajá-s* 'Treiber'; *ἄρκτος*, *r̥ksha-s* 'Bär'; *ὄρρος* 'Steiss', ahd. an. *ars*, ags. *ears*, urgerm. **órso-*; *γόμφος* 'Pflock', *jámbha-s* 'Zahn', abulg. *ząbŭ* 'Zahn'; *δρυμός* 'Wald', *drumá-s* 'Baum' (vgl. *τὰ δρῦμά* Hom. viermal); *ἕνος* (*ἕνη* fem.), *sána-s* 'alt'; *ζυγός*, *ζυγόν*, *yugá-s*, *yugá-m* 'Joch'; *θερμός* (st. **φορμός*· Joh. Schmidt, Kz. XXV 80) 'warm', *gharmás* 'die Sonnengluth'; *θυμός* 'Gemüth', *dhūmá-s* 'Rauch'; *λευκός*, *rocá-s* 'leuchtend'; *μέσσος*, *mádhya-s* 'medius'; *νέος*, *náva-s* 'neu'; *νεῖος* (ion.), *návya-s* 'neu'; *ὄγμος*, *ájma-s* 'Bahn' (bei Wh. § 1166a ist *ajmá-* ein Druckfehler, mit welchem auch Möller PBb. VII 511 zu operiren scheint); *ὅλος*, *οὖλος* (Hm.), *sárva-s* 'ganz'; *ὀχός* 'haltend', *sāhá-s* 'siegreich' (Brugmann M. U. III 41); *πόρος* 'Durchgang', *pā̆ra-s* 'das Ueberschiffen'; *πρᾶνός*· *τὸ κατωφερές*, *πρανές* Hesych., *pravaṇá-m* 'Abhang, Abgrund', adj. 'geneigt, abschüssig', vgl. *πρᾱνής*; *πῦον* 'Eiter', *pū́ya-m* (auch masc.) 'stinkender Ausfluss' (Nebenform *πύον*; Osthoff M. U. IV 148); *τοῖο*, *τῶ*, *τοῦ*, *tásya* 'dessen'; *τορός*, *tārá-s* 'durchbohrend'; *ὠμός*, *āmá-s* 'roh'; *ἀφρός* 'Schaum', *abhrá-m* 'Wolke'; *βορός* 'gefrässig', *gará-s* 'verschlingend' (Brugmann M. U. III 111, 116); *δοιός*, *dvayá-s* 'zwiefach', *dvayá-m* 'doppeltes Wesen' (vgl. Brugmann M. U. III 110); *δόμος*, *dáma-s* 'Haus' (Brugmann M. U. III 108); *δοχμός*, *jihmá-s* 'schräg' (Bugge Kz. XIX 422, Joh. Schmidt Kz. XXV 1, 68); *ἰός* m. 'Gift', *vishá-m* 'Flüssigkeit, Gift'; *ἵππος* (*ἵκκος*), *áçva-s*, as. *ëhu*, ags. *esh*, an. *jór* (aus **eohr*) 'Pferd', vgl. got. *aihvatundi* 'Dornenstrauch'; *καρπός* 'Handwurzel', skr. *kulphá-s* 'Knöchel' (?), vgl. Fick Bezzb. III 162, Hübschmann Zs. deut. morgl. Gesell. XXXIX 94 Anm.; κῆλον 'Geschoss', *çáryam* 'Pfeil' (?); κύρτος 'Binsengeflecht', *káṭa-s* 'Geflecht' (?), (Joh. Schmidt Kz. XXV 72); κυφός, *kubjá-s* 'gebückt' (Kuhn Kz. XXIV 99; Kluge Kz. XXV 314; λύκος, *vṛ́ka-s*, got. *wulf*, urgerm. **wúlfo-* = **wl̥'qo-*; μακρός 'lang', ahd. *magar*, ags. *mæȝer*, an. *magr* weisen auf Oxyt.; μισθός 'Lohn', *mīḍhá-m* 'Wettkampf'. Die Verschiedenheit des Geschlechtes und der Bedeutungen in den verwandten Sprachen — vergl. noch got. *mizdō* fem. abulg. *mĭzda* fem. und avest. *mîždem* neut. — zeigt, dass das Wort ursprünglich einen Adjectivgebrauch hatte. ξηρός 'trocken', *kshārá-s* 'brennend, ätzend'; ξυρός (ξυρόν), *kshurá-s* 'Scheermesser'; νυός f., *snushā́*, ahd. *snura* etc. = urgerm. **snuzā́* 'Schwiegertochter'. Aehnlich wie νυός, *snushā́* f. lassen sich vielleicht auch bezüglich des Accentes βιός m. (nach Osthoff M. U. IV 188 aus *βιά umgestaltet durch Einfluss von ἰός) und altind. *jiyā́* f. 'Bogen, Bogensehne' vergleichen. οἴα (ὄα) sc. δορά 'Schaffell', *ávyas* 'vom Schafe herrührend'; οἶμος, *éma-s* 'Gang'; ὁμός *sămá-s* 'gleich' (über den Vocalismus vgl. de Saussure Syst. prim. 95, Osthoff M. U. II 14, Brugmann M. U. III 110); ὀρθός 'gerade', *ūrdhvá-* 'aufgerichtet'; πρωκτός 'Steiss', *pṛshṭhá-m* (auch masc. in späterer Sprache) 'Rücken' (Fick Bezzb. VIII, 331); πτερόν 'Feder, Flegel, Vogel, Geschick', skr. *patará-*, adj. 'fliegend' (?); στύπος 'Stengel, Stock', *stū́pa-s* 'Schopf, Scheitel, Gipfel, Krone des Baumes', vgl. στύπη 'Werg'; τρόνα · ἀγάλματα ἢ ῥάμματα ἄνθινα Hesych., *tṛ́ṇa-m* 'Kraut, Gras'. Die Betonung bei Hesychios hat aber wenig Werth. ὕπνος, *svápna-s* 'Schlaf'; -φονός, *ghaná-* 'erschlagend'; φορός, *-bhará-* 'tragend', φόρος 'das getragene', *bhára-s* 'das Tragen', 'das getragene' (über ähnl. Bildungen unten ausführlicher); ὦμος, *áṁsa-s* 'Schulter', got. *amsa-* = idg. *óm s o -*; γόνος 'das erzeugte Kind, Nachkommenschaft, *jána-s* 'Mensch'.

Ausnahmen. Alle Fälle, wie βίος 'Leben', *jīvá-* 'lebendig' (= kypr. *piva* = βιός βιά vgl. unten), πλόος 'Schifffahrt', *plavá-* 'schwimmend', 'das schwimmende, 'Kahn', wo sich die Accentverschiedenheit offenbar nach bestimmten Regeln an eine Bedeutungsverschiedenheit angeknüpft hat, kommen erst Seite 68 ff. zur Besprechung.

Zuerst führe ich aus den bei dieser Wortkategorie ziemlich zahlreichen Abweichungen diejenigen an, welche nachweisbar Ueberreste eines vorhistorischen Flexionswechsels sind:

κύκλος, skr. *cakrá-s*, ags. *hveoȝul, hveol, hveohl*, abulg. *kolo*, an. *hvél*, ist schon S. 22 f. erwähnt worden.

ἰπνός 'Ofen' ist die gewöhnliche Betonung, aber ἴπνος kommt auch vor (vgl. Chandler Accentuation § 292), und hat die Autorität der folgenden Grammatikerstelle für sich: καὶ ὁ ἴπνος βαρυτόνως ἢ ἰπνὸς ὀξυτόνως δι' οὗ δηλοῦται ἡ ἑστία ἢ ὁ κλίβανος, Eustath. 16, 42. Die germanischen Formen: got. *auhns*, an. *ogns* (schwedisch *ugns*) gehen auch auf Doppelformen idg. *úk?nos* und *uk?nós* zurück; vergl. Noreen PBb. VII 433; wegen des griech. Vocalismus mit *ἰ-* vergl. Brugmann Kz. XXV 306 f., Danielsson Grammatiska anmärkningar I 38 f. Anm. 9.

Im folgenden Beispiel stehen Spuren eines Vocalismuswechsels neben denen eines Accentwechsels: κωφός 'unempfindlich, stumm, dumpf' stellt Osthoff (mündlich) zu altind. *çaphá-s* 'Huf', i. e. 'unempfindlicher Körpertheil' (vgl. die doppelte Bedeutung von zd. *safa-* 'Horn, harte Erdart' und 'Huf'), an. *hōfr*, ahd. *huof*, ags. *hôf*, neng. *hoof*, vorgerm. *kṓpho-*. Die Vocalverhältnisse mögen ursprünglich dieselben gewesen sein wie lat. *dōs, dōnum : dătus*.

Weitere Fälle, wo Abweichung im Vocalismus neben Abweichung[1] im Accent steht, sind: στέρνον 'Brust', *stīrṇá-m* das ausgebreitete' (*-īr- = r̄*);

ὦνος 'Kaufpreis', *vasná-s* 'dass.', lat. *vēnum*. Wie Osthoff M. U. II 12 gesehen hat, haben wir hier zwei Ablautsstufen, idg. *v o s n o* und *v e s n o* vertreten. Ob nicht *vesnó* die „nebentonige Tiefstufe" (Osthoff M. U. IV Vorw. V ff.)

---

[1] Was ὄχος 'Wagen' masc. Aesch. Soph. u. a., ὄχος neutr. Hom. Pind. (pl. ὄχεα, ὄχεσφι) anbetrifft, so ist klärlich Contamination eines *ϝοχό-ς masc. = skr. *vāhá-s* 'Zugthier', 'Wagen', abulg. *vozŭ* und des Neutrums ϝέχος in Hesych. ἔχεσφιν anzunehmen, wie auch schon wegen des Wurzelvocalismus des Neutr. ὄχες- von anderen bemerkt worden ist. Aehnlich lat. *pondus*, neutr. durch Mischung aus **pendos-* und *pondo-* in *pondō* ablat., *modes-* in *modestus* aus **medes* (= umbr. *meds*, *mers*) und *modo-*, *modus* masc.

vertritt? Dann wären Accent und Vocalismus gleichmässig ausgeglichen.

In folgenden Fällen ruht der Ton im Sanskrit auf einem *i*-Vocale, der im Griech. consonantische Function gehabt hat: διασός 'zweifach', *dvitī́yas* 'zweiter'; καινός 'neu', *kanyā́* 'Jungfrau'; τρισσός 'dreifach', *tṛtī́yas* 'dritter', got. *þridja-*.

Andere Abweichungen sind:

δῖος, *divyás* 'himmlisch'; ἀγρός 'Feld', *ájra-s* 'Flur'; κέστρος 'Pfeil', κέστρον 'Pfriem' haben nichts mit skr. *çastrá-s* 'Schwert', *çastrá-m* 'schneidendes Werkzeug' zu thun; die griech. Wörter sind, als zu κεντέω gehörig, aus *κενστρο- entwickelt wie κεστός aus *κενστός (vgl. Brugmann Curt. Stud. IV 77 f., Ber. d. königl. sächs. Ges. d. Wiss., phil. hist. Cl. Leipz. 1883, S. 187, Osthoff Perf. 591), während die altind. Wörter einleuchtend von Fröhde Kz. XXIII 310 zu latein. *castrare* 'verschneiden' gestellt werden. κόγχος 'Muschel' (κόγχη), *çaṅkhá-s, çaṅkhá-m* 'concha'; πεζός 'pedestris', *pádya-* 'den Fuss betreffend'; ὕδρος (Hom.), ὕδρα (Hes.) 'Wasserschlange', *udrá-s* 'Wasserthier'; ὄγκος 'Krümmung, Haken' u. s. w., *aṅká-s* 'Schoos, Haken'.

Im folgenden Fall hat der griechische Accent nur Hesychische Auctorität; μυκός · ἄφωνος Hesych., *mū́ka-* 'stumm'; δολφός · ἡ μήτρα Hesych., *gárbha-s* 'Mutterleib, Embryon'. Wahrscheinlich spielt auch die Bedeutungsunterscheidung hier, wie bei allen neutralen *o*-Bildungen, eine Rolle, vgl. S. 69 f. Zu den Ordinalien, die überhaupt meistens den Accent zurückziehen, gehören aus den Zweisilblern: πέμπτος, *pañcathá-s; ἕκτος, shashṭhá-s,* und τρίτος; an einer späteren Stelle (S. 102) werde ich die Betonung dieser Formen als diejenige mit dem Secundäraccent zu erweisen suchen. Dass πόστος nicht die gleiche Bildung mit skr. *katithá-*, lat. *quotus* ist, zeigt Osthoff Perf. 594.

Unsichere Etymologien sind: κύμβος, *kumbhá-s* 'Gefäss', Cur. Etym. [5]527. ὕμνος 'Gesang', *sumná-m* 'Wohlwollen'; Vorzuziehen ist die Herleitung von der Wurzel *syu-*, vgl. Brugmann Curt. Stud. IX 256. Nicht ἀρβός · ἀραιός Hesych., sondern ὀρφο- in ὀρφοβότης ist mit *árbha-* 'klein' zu vergleichen. Unsicher sind weiter: γάρος 'Brühe', *gará-s*

'Trunk'; *θαιρός* 'Thürangel', *dúryas* 'zur Thür gehörig'; *μύσχος· ἀνδρεῖον καὶ γυναικεῖον μόριον*, Hesych., *mushká-m* 'Hode'; *μυχός* 'versteckter Winkel', *múkha-s* 'Mund, Rachen, Thür'. *χόρτος* 'Gehege, Hof' ist vielleicht nicht mit got. *gards*, sondern mit *gradŭ* 'Garten', 'Stall' u. s. w. zu vergleichen.[1]

In den folgenden Fällen liegt eine Bedeutungsverschiedenheit vor, die wohl die Ursache der Betonungsverschiedenheit hätte sein können: *πέδον* 'Boden', *padám* 'Tritt, Fussspur'; *γαῦρος* 'stolz', *garvá-s* 'Hochmuth'; *στῦλος* 'Säule', *sthūrás, sthūlás* 'grob', 'gross'. Hierher fallen auch: *οἶκος* 'Haus', *veçá-s* 'Familie', 'Hausgenosse'; *τέκνον* 'Kind', ahd. *degan*, ags. *þegen* 'Krieger' (worüber später).

Adjectiva auf -*υς*.

Diese sind der Regel nach im Sanskr., Griech. und Litt. Oxytona; Bezzenberger, Bezzb. II 123 ff.

βαρύς, gurú-s 'schwer'; *βραδύς* 'langsam', *mṛdú-s* 'weich'; *ἡδύς, svādú-s; ἠΰς* 'kräftig, tüchtig', *āyú-s* 'beweglich, regsam' (vgl. Collitz Kz. XXVII 183); *θρασύς, dhṛshú-s* 'kühn'; *παχύς* 'dick', *bahú-s* 'viel, dicht', lit. *bingùs* 'stattlich'; *πλατύς, pṛthú-s* 'breit'; *ὠκύς, āçú-s* 'schnell'; *εὐρύς, urú-s* 'weit'; *κρατύς* 'stark', got. *hardus* 'hart'; *πολύς, purú-s* 'viel'; skr. *tṛshú-s* 'lechzend', an. *þurr*, ahd. *durri*, got. *þaursus* (für **þaurzus* nach *þairsan* präs.). Bei *θῆλυς* 'weiblich', 'säugend', *dhārú-s* 'saugend' bedingt der Bedeutungsunterschied offenbar den Betonungsunterschied, vgl. unten.

ἴος 'einer und derselbe, gleich', nach Osthoff M. U. IV 186 f. Anm. lautgesetzlich aus **ἴ(σ)υς* = ir. *fiu* 'ähnlich' stimmt in seiner Abweichung von der Accentregel der *u*-Adjectiva — die Accentuation der Casus *ἰῶ ἰῆς ἰῇ* erledigt Osthoff a. a. O. — beachtenswerther Weise genau zu dem damit verglichenen skr. *víshu-* 'nach beiden Seiten hin gleich', dessen Betonung sich aus Bahuv. Compos. wie *víshurupa-* ergibt.

---

[1] Unsicher sind auch folg. Etymologien mit Accentgleichheit: *κεινός, κενός*, skr. *çūnyá-* 'leer'; *νᾶρός* 'flüssig', *nīrá-s* 'Saft'; *πόθος* 'Wunsch, *bā́dha-s* 'Drang'; *ἄντλον*, *ámatra-m* 'Schöpfgefäss'; *πόντος*, *pánthā-s* 'Weg', J. Schmidt Kz. 27, 373; *δηρόν* 'lang', *dūrá-* 'fern', de Saussure Syst. prim. 107.

Substantiva auf -υς und -υ.

ἄστυ f. 'Stadt', *vástu* n. 'Stätte, heimathliche Flur, Haus', *vástu* n. 'Ort, Sitz'; *γόνυ, jắnu* 'Knie'; *δόρυ* 'Baum, Holz', *dắru* n. 'Holz, Balken'; *μέθυ* n., *mádhu* n. 'süsser Trank'; *ὀφρύς* (*ὄφρυς* nach bester Autorität) f., *bhrū́-s* f. 'Braue'; *γένυς* f. 'Kinn', *hánu-s* f. 'Kinnbacken'.

Ausnahmen: *πῆχυς* m. 'Ellenbogen', *bāhú-s* m. 'Unterarm'; ferner *ἰός* (= **ἰύς*) m., *íshu-* m. f. 'Pfeil', vgl. Osthoff M. U. IV 185 f.; der Fall scheint auf alten Accentwechsel hinzudeuten, wie wir das entsprechende bei *δάκρυ*, isl. *tár*, ags. *tear*, ahd. *zahar* einerseits und got. *tagr*, ags. *teazor* andererseits anzunehmen haben (vgl. Noreen PBb VII 436 und oben S. 22 ff.).

Verbalabstracta auf *-tis* (*-σις*).

In dieser Wortkategorie war die Flexionsbetonung zur Zeit der Sprachtrennung offenbar noch nicht ausgeglichen, was aus folgenden Umständen erhellt:

1) Das Germanische zeigt in den meisten Fällen Spuren von Suffixbetonung, zum Theil aber auch Wurzelbetonung; Verner Kz. XXIII 124, von Bahder Verbalabstracta 62 ff. Vgl. got. *gaqumþi-*, gr. *βάσις*, ai. *gáti-*, got. *gabaurþi-*; gegenüber asächs. *giburd*, ags. *gebyrd*, ahd. *giburt*, got. *gamundi-*.

2) Im Sanskr. werden auch theilweise die Suffixe, theilweise die Wurzelsilben ohne ersichtliche Regel betont, vgl. Lindner Altind. Nominalb. 76 ff. Theilweise findet auch ein Schwanken in der aus verschiedenen Quellen überlieferten Betonung eines und desselben Wortes statt. Die spätere Sprache hat mehr Fälle der Wurzelbetonung aufzuweisen als die älteste. Nebeneinander im RV. stehen *tṛ́ptish* IX 113, 10 und *tṛptím* VIII 71, 6, und auch *çákti-* und *çaktí-* sind nach Grassmann von gleicher Bedeutung; das PW weist aber ersterem die Bedeutung 'Vermögen', letzterem dagegen die Bedeutung 'Hülfeleistung' zu. Sonst zu bemerken sind: *ishṭí-* RV., *íshṭi-* class. spr.; *ṛtí-* VS., *ṛ́ti-* AV.; *kīrtí-* RV., *kī́rti-* Uṇ.; *dṛ́shṭi-*, *dṛshṭí-* VS.; *paktí-* RV., *pákti-* VS. und class.

Spr.; *pushṭí-* RV., *púshṭi-* cl. Spr.; *bhūtí-* RV., *bhū́ti-* sonst; *matí-* RV., *máti-* Çat. Br. u. cl. Spr.; *stutí-* RV., *stúti-* Vârtt.; *hētí-* ved., sonst parox.; *kl̥ptí-* VS. TS., *kĺ̥pti-* Çat. Br.; *vítti-* (Mantra. nach Pâṇ.), *vittí-* VS., Çat. Br.; *sr̥shṭí-* AV. AK., *sŕ̥shṭi-* Çat. Br. Gelegenheit zur Bedeutungsunterscheidung vermittelst der Betonung liegt bei folgenden Wortpaaren vor: *kshití-* 'Wohnsitz', *kshíti-* 'Verderben'; *cítti* 'das Knistern', *cittí* 'das Denken' (von verschiedenen Wurzeln); vielleicht bei *çákti-* 'Vermögen', *çaktí* 'Hülfeleistung'. In einigen Fällen zeigt sich eine Neigung, die Wurzelbetonung zu wählen, wenn das Nomen als transitiv gebraucht wird, wie bei den Nomina auf *-tar*.

3) Die Infinitiva auf *-táye* sind immer auf der vorletzten betont: *ishṭáye, pītáye, vītáye, sātáye* und die Instr. sing. und Gen.-Loc. du. bei den Oxytonis immer auf dem Casussuffix: *ūtiyā́, vr̥shṭiyā́* u. s. w. Daraus können wir ohne Gewalt die alte Flexion *séntis*, dat. *sn̥téi̯ai̯*, instr. *sn̥ti̯á* wiederherstellen.

Ueber die vorherrschende schwache Form der Wurzelsilbe, — eine Thatsache, die uns hier, wo wir bloss von dem Betonungsbestand zur Zeit der Trennung sprechen, und nicht von dem Vocalismus, der nach anderen Rücksichten als die Betonung ausgleichen konnte, wenig angeht, vergleiche man Lindner S. 76 f., de Saussure Syst. prim. 15, 23, 150, 230, Amelung Zs. deut. Alt. XVIII 206, Verner Kz. XXIII 124, von Bahder Verbalabstracta 62 f., Osthoff M. U. IV 106 ff., Danielsson Grammatiska Anmärkningar I 57 f. Anm. 4.

Von dem alten Accentwechsel hat nun das Griechische keine Spur mehr erhalten; veranlasst durch die Betonung der zahlreichen Composita mit Adverbialpräfixen, welche Betonung überall mit dem neuen Secundäraccent zusammenfiel, haben sie letzteren gewählt; z. B. ἀπότισις aus *ἄποτισις, vgl. skr. *ápaciti-, úpamāti-* u. s. w.; ἀποτίσιος aus *ἀποτισιος. Wegen der ursprünglichen Betonung des Praefixes in diesen Bildungen verweise ich auf Kluge Kz. XXVI 68 ff., Garbe Kz. XXIII 500, Lindner Nominalb. 77 f.

Obwohl, da das Griechische sich ein ganz neues Betonungssystem hier ausgebildet hat, etwaige Uebereinstimmungen mit dem Sanskrit als zufällig zu betrachten sind, führe ich beispielsweise einige Etymologien an:

βάσις, skr. *gáti-* 'Gang', got. *gaqumþi-* 'Zusammenkunft'; *γεῦσις*, *júshṭi-* 'Gunst', got. *gakusti-* 'das Erkiesen'; *δάρσις* 'das Abhäuten' (Galen), *dṛ́ti-* (?) 'Schlauch', got. *gataurþi-* 'Zerstörung'; *τέρψις*, *tṛ́pti-* 'Sättigung'; *φθίσις*, *kshíti-* 'Untergang'; *δέρξις*, *dṛ́shti-* (daneben *dṛshtí-*) 'das Sehen'; *δόσις* 'Gabe', *δῶτις* 'Mitgift' (Hesych.), *dắti-* 'das Geben', vgl. *dắtivāra-* 'Schätze zum Geben habend'; die tiefste Wurzelstufe in *bhagatti-* 'Glücksgabe'.

Abweichungen im Accente liegen vor bei: *γνῶσις* 'Erkenntniss', *jñātí-* m. 'Bekannter' (schwerlich direkt zu vergleichen); *θέσις*, ags. *dǣd*, as. *dâd* (got. *-dēdi-* in Compos.), skr. *devá-hiti-* 'göttliche Ordnung'; *κάρσις*, ahd. *scurt* (germ. **skurdí-*) 'tonsura'; *πέψις* 'das Kochen', *pakti-* 'gekochtes Gericht' (auch class. *paktí-*); *ῥύσις*, *srutí-* 'Strom'; *στάσις*, *sthíti-* m. aber as. *stad*, got. *staþs* (*stadi-*), ahd. *stat* f. 'Stätte' (germ. **stadí*); *νῆσις* 'das Spinnen', ahd. *nât* (germ. **nēdí-* 'Nähen, Naht'; *κτίσις* 'Ansiedlung', *kshití-* 'Wohnung'.

Neutra mit dem Suffix -*μεν*

werden im Griech. und Skr. auf der Wurzelsilbe betont: *δῆμα*, *δέμα*, *dắman-* n. 'Band'; *δόμα* 'das gegebene, Geschenk', *dắman-* (*dắmane*, *dắmanas*) 'das Geben', aber *dāmán-* m. f. 'Geber, Antheil' (= gr. **δομήν*); *εἷμα* 'Kleid, Decke', *vásman-* 'Decke'; *τέρμα* 'Ziel', *tárman-* 'das Hinüberführen, Spitze'; *φέρμα* 'Leibesfrucht' Aesch., *bhárman-* 'das Tragen'; *φῦμα* 'Gewächs', *bhū́man-* 'Erde, Wesen', *bhūmán* m. 'Fülle, Menge'; *χεῦμα*, *hóman-* n. 'Opferguss'; *γέννα* f., *jánman-* n. 'Stamme, Geburt';[1] *θέμα* 'das gesetzte', *dhắman-* 'Gesetz', 'Wohnstätte'; *οἶμα* 'stürmischer Angriff', *éman-* 'Gang'; *χεῖμα* 'Sturm' (*χειμών* m.), adv. loc. *héman* 'winters'.

[1] *γέννα*, lautgesetzlich aus **γένμα* nach einer von Prof. Osthoff mir mitgetheilten Deutung des Herrn George P. Bristol, in Folge der Verdunkelung der Neutralbildung mit -*μα* als Femin. zur *ă*- (*ϳă*-) Declination (*μοῦσα* u. s. w.) übergegangen. Dadurch verschwindet die von G. Curtius zur Krit. d. neuesten Sprachf. S. 50 hervorgehobene Anstössigkeit des -*νν*- im Attischen. Späte Zusammenrückungen wie *ἐμμένω*, *συμμανθάνω*

Masculina auf *-man* sind im Sanskr. meistens Oxytona; im Griechischen alle auf *-μην*, die meisten auf *-μων*: *λιμήν, λειμών, ποιμήν, πυθμήν, αὐχήν, ἡγεμών, χειμών, κηδεμών, τελαμών* u. s. w. Vgl. auch lit. *piemũ* (*ποιμήν*) m., *augmů* m., *stomů* m., *wandů* m. u. s. w.

Brugmann Curt. St. IX 256 vergleicht *ὑμήν* masc. 'Haut, Sehne' mit *syūman-* 'Band, Streifen'; letzteres ist Neutrum, und hat die zu erwartende Betonung.

ἄκμων m. 'Ambos', *áçman-* m. 'Fels, Stein, Donnerkeil'; dieses Wort bildet in beiden Sprachen eine Ausnahme; lit. *akmũ* 'Stein' steht im Einklang mit den anderen Masculinis auf *-men-*.

Nomina Agentis auf idg. *-ter-*.

Im Skr. hängt in der ältesten Sprache die Betonung von der Construction ab, vgl. Whitney § 1182 b: *pā́tā* mit dem Accus., und *pātā́* mit dem Genit. Dagegen im Griech. sind diejenigen auf *-τηρ* Oxytona, diejenigen auf *-τωρ* Paroxytona.

Vgl. *δώτωρ, dā́tar-* (mit Accus.); *δωτήρ, δοτήρ, dātár-* (mit Gen.), vgl. Joh. Schmidt Kz. XXV 28; *ζευκτήρ* 'Jochriemen', *yoktár-* 'Anschirrer', i. e. 'Verbinder', *ζεύκτειρα* 'die Verbinderin' (Aphrodite); *ποτήρ* 'Trinkgefäss' (Eurip.), *οἰνοποτήρ* 'Weintrinker', skr. *pātár-* (mit Gen.), *pā́tar-* (mit Accus.); *πάτωρ· κτήτωρ* Phot. Mit letzterem vergleicht Fick *pā́tar- (pātár)* 'Schützer'; *γνωστήρ* 'Kenner', *jñātár-* dass.; *-δετήρ* in *ἀμαλλο-δετήρ* 'Garbenbinder', *ni-dātár-* 'Anbinder'; *δμητήρ, damitár-* 'Bezwinger'; *θετήρ* (vet. Lex.), *dhātár* 'Setzer'.

---

zeigen in derselben Weise eine andere Behandlung der inlautenden Gruppe *-νμ-* als *γέννα*, wie *ἔρρυθμος* und *συρράπτω* mit dem die Lautgruppe *-νρ-* von uralter Zeit her enthaltenden *ἀνδρός* disharmonieren. Hinsichtlich des Genus- und Flexionswechsels bei *γέννα* erinnert Osthoff noch an *ἄμαξα* f., indem er dies auf ein idg. *sm̥m-aksn̥* neutr. zurückführt, um das Schlussglied *-αξα* zur regelrechten Neutralform des masculinen *ἄξων* werden zu lassen. Aehnliche Fälle eines Uebertritts in die *ā*-Flexion sind die in der kürzlich von Halbherr und Fabricius aufgefundenen Inschrift von Gortyn V 40 erscheinenden Formen *Ϝῆμας* (= att. *εἵματος*) und *ἀνφιδήμας* (*-δέμας*?); vgl. Bücheler und Zitelmann Das Recht von Gortyn S. 9 f.

Von ähnlicher Bildung sind *σιατήρ* masc. 'ein Gewicht', *sthātár-* neut. 'das stehende', *sthātar-* masc. 'Wagenlenker', *savya-shṭhár-* 'der zur linken stehende' (*shṭhár* = *sthtár-* Joh. Schmidt Kz. XXV 28, Brugmann M. U. III 100, Osthoff M. U. IV S. XII Vorw.).

Andere disyllabische Nomina.

ἄκρις 'Bergspitze', *áçri-s* 'scharfe Kante'; *ἄρσην* (*ἄρρην*), *vṛ́shan-*; *ἄρχων* 'Herrscher', *árhant-* 'vermögend'; *γέρων* 'Greis', *járant-* 'gebrechlich, Greis'; *δαήρ, devár-* 'Schwager'; voc. *δᾶερ*, skr. *dévar*; *ἔθρις* (?), *vádhri-* 'Verschnittener'; *εἶαρ* (*ἔαρ*) n. 'Blut'. *ásṛj-* n. 'Blut' (Grundform wohl **ἦαρ* und das Vocalverhältniss zu sanskr. *ásṛj-* vielleicht wie dasjenige von *ἧπαρ* zu *yákṛt*, lat. *jĕcur*); *ἐμπίς* 'Stechmücke', ahd. *imbi* 'Biene'; *ἔορ· θυγάτηρ, ἀνεψιός* Hesych., *svásar-* 'Schwester'; *ἔορες* = *svásāras*. Ueber *ἔορ* vgl. de Saussure Syst. prim. 218 Anm. „probablement un vocatif". *ἔχις* 'Natter', *áhi-* 'Schlange, Natter'; *μῆτις, mā́ki-* 'Niemand'; *ὀδούς, ὀδώς, dán* 'Zahn', *dántam* (= *ὀδόντα*), *dántas* (*ὀδόντες*); *πίων, pívan-*; *pívānam* = *πίονα*; *πτέρνα πτέρνη*, skr. *pā́rshṇi-* f. m., ags. *fyrsn* f. (idg. *pĕrsnı̥̄ā*), vgl. ahd. *fërsana*, as. *fersna*; got. *fairzna* geht auf **persnā́* zurück; *στάλη· ταμεῖον κτηνῶν*,. *ὁ σταλός* Hesych., *sthā́lā* 'Erdaufschüttung' (?); *στήλη*, lesb. *στάλλα*, dor. *στάλα* (=**στάλνᾱ*) 'Säule', skr. *sthū́ṇa* (= **sthū́lnā* für **sthl̥̄nā*), vgl. Hübschmann Zs. deut. morgl. Gesell. XXXIX 93 f.; *τέκτων, tákshan-* 'Zimmermann'; *τρεῖς, tráyas*; *τρισί, trishú* 'drei'; *ἄντλον, ámatra-m* (?) 'Schöpfgefäss', vgl. Brugmann M. U. I 37; *βιός* 'Bogen', *jyā́ (jiyā́)* 'Bogensehne', vgl. oben S. 29. *ἧπαρ, yákṛt* 'Leber'; *ἠώς* (*αὔως, ἕως, ἀώς*), *ushā́s* 'Morgenröthe'; *ἠοῦς, ushásas*; *ἠοῖ, ushási*; *ἠῶ, ushā́sam*; *ἱμάς, ἱμάντος* 'Riemen, Gürtel' lässt sich nicht direkt mit *sīmán-* m. 'Haarscheide, Scheitel' vergleichen, vgl. aber *sīmánta-* m. 'Scheitel'; *κλόνις* 'Steissbein', *çrṓṇi-* 'Hinterbacke'; *ὄϊς, ávi-* 'Schaf'; *οὖθαρ* n. 'Euter'; skr. *ū́dhar* n. 'Euter'; *πόσις*, skr. *páti-* 'Herr'; got. *fadi-* erscheint nur in der Composition: *bruþfadi-, hundafadi-, þusundifadi-*, und, wie Kluge germ. Conj. 25 Anm. gesehen hat, zeigt Compositionsbetonung wie in skr. *prajāpati-*, *vásupati*, *gópati* u. s. w. Garbe Kz. XXIII 487, Whitney § 1267 a.

σκιά, *chāyā́* 'Schatten'; wegen des Ablauts vergl. *σκοιός* 'schattig', *σκοιά· σκοτεινά*, *σκοιόν· σύσκιον* Hesych.

δεκάς, *-άδος* 'Abtheilung von Zehn', *πεμπάς* u. s. w. besitzen eine andere Flexionsweise als ihre nahe verwandten skr. *daçát-*, *pañcát* 'Zehnzahl, Fünfzahl'; es stimmt zu dem griech. *d*-Stamme das germ. **tehunt-* in got. *taihunte-hunt* 'das Decimalhundert', *τῶν δεκάδων ἑκατόν* (vgl. Kluge Etym. Wtb. S. 142 f.).

Die Participia Activi des thematischen Aoristes behalten dieselbe Betonung, wie sie die Partic. präs. der sechsten indischen Verbalklasse (resp. Partic. Aor.) aufweisen: *λιπών*, *όντα*, *λιπόντες*; *ricán*, *ricántam*, *ricatás*; *δρακών*, *dr̥çánt-* (?); *ἑκών* 'willig', *uçánt-* Ptc. v. *vaç-* 6-Klasse (*uçánti*).

Die Partic. präs. dagegen zeigen den Accent der ersten Classe: *φέρων*, *bhárant-*; *ἔχων*, *sáhant-*; *ἕρπων*, *sárpant-* u. s. w. In der *-neu̯*-Classe können *στορνύς*, *στορνύντα*, obwohl sie die indog. Lautgestaltung nicht beibehalten haben (Osthoff M. U. IV 299), doch wenigstens der alten Accentuation von *str̥n̥ván*, *str̥n̥vántam* treu geblieben sein.

Von der Wurzelclasse führe ich an: *ἰών*, *yánt-* 'gehend'; *ἐών*, *sánt-* 'seiend'; *ἐόντα*, *sántam*.

Dass *διδούς*, *τιθείς* u. s. w. nicht direct mit skr. *dádat*, *dádhat-* zu vergleichen, sondern in Form und Accent dem Partic. Aor. nachgefolgt sind, zeigt Joh. Schmidt Kz. XXVII 394 ff.

Wir finden also den indogermanischen Wortaccent in zweisilbigen Wörtern im Griechischen wesentlich ungestört erhalten; — in unflectirten Wörtern absolut ungestört erhalten. Ein weiteres Zeugniss gleicher Art ist die Thatsache, dass bei den zweisilbigen Nominibus im Griechischen die alte ursprachliche Unterscheidung, *τρόπος*, *τροπός*; *kā́ma-*, *kāmá-* u. s. w. genau bewahrt wird (vgl. S. 69 ff.), während bei mehrsilbigen eine unlösbare Confusion herrscht, wie an einer späteren Stelle gezeigt wird.

Wir gehen nun zu unserer zweiten Regel über (vgl. S. 13):

II. Wenn der historische Accent weiter zurück als die Stelle des Secundäraccentes lag, dann erhielt das Wort den Secundäraccent.

A. Einzelne Etymologieen: *γενέτειρα, γενετείρας*, skr. *jánitrī, jánitryās; γενόμενος, γενομένου*, skr. *jánamāna-; φερόμενος, bhǻramāna-; ἑλίκη* (arkad.), ahd. *salha (salaha)*, ags. *sealh*, lat. *salix* (über den griechischen Vocalismus vgl. Gelbke Stud. II 13, de Saussure Syst. prim. 53.); *πīήεις, -ήεντος*, skr. *pívasvant-; ὀπόεις, -όεντος*, skr. *ápavant-* 'wasserreich'; *δεσπότης*, skr. *dámpati-*. Ueber das lautliche vgl. Osthoff Perf. 590 ff., dessen Ausführungen vielleicht dahin zu ergänzen sind, dass doch auch das aind. Wort nicht für eine stammhafte Composition, nur für eine casuelle Zusammenrückung zu gelten habe, nämlich für lautgesetzliches **dáṃs-pati-* stehend, indem für das Anfangsglied die Pausaform des Gen. sg. *dán* wie in *pátir dán* substituiert wurde. Composita, deren letztes Glied *páti* oder *pátnī* bildet, betonen im Sanskr. das erste Glied, Garbe Kz. XXIII 487. Spuren derselben Regel liegen im Germanischen vor bei got. *bruþfadi-, hundafadi-* u. s. w. Kluge germ. Conj. 25 Anm.; ferner *κροκάλη, çárkarā* 'Kies'; *ἀπότισις, ápaciti-* 'Verlust'.

B. Proparoxytona mit ererbtem Accent haben den Secundäraccent in den mit langem Vocal oder Diphthong auslautenden Casus: *ἀφθίτου*, skr. *ákshitasya; ἀφθίτῳ*, skr. *ákshitāy-a; ποτνίας*, skr. *pátniyās; ποτνίᾳ, pátniyāi; ἐντέρῳ, ántarāya* 'das Innere'; *πατρίου, pítriyasya* 'den Vätern gehörig' u. s. w., so auch bei den mit „Increment“ gebildeten Casus; z. B. *ἀποτίσεες, ἀποτίσεις, ápacitayas* u. s. w.

C. Die Comparativa auf *-ιων, -ιον*, skr. *-īyān, īyas* wurden ursprünglich auf der ersten (Wurzel-) Silbe betont; die Beweise dafür sind:

1) Die Betonung im Sanskrit.

2) Der Vocalismus der Wurzelsilbe im Sanskrit, in vereinzelten Fällen auch im Griechischen, weist die Mittelstufe auf: *kshépīyān* neben *kshiprá-; várīyān* neben *urú-; dávīyas* (Adv.) neben *dūrá-*. So auch griech. *ὀλείζων* zu *ὀλίγος; κρέσσων* (neuion.) zu *κρατύς* und *μείζων* nach Analogie des Gegen-

satzes *ὀλείζων* statt ion. *μέζων* (= **μέγιων*) *máhīyān*, Brugmann Ber. königl. sächs. Ges. 1883 S. 193, Osthoff Jen. Lit. Zeit. 1878 (Nr. 33) S. 485; Gesch. d. Perf. 449 f.

3) Der germanische Consonantismus; vgl. got. *jūhiza* neben *juggs*; an. *ellri*, ahd. *eldiro* = got. **alþiza* neben germ **alđo*; *batiza*, ags. *betera*, ahd. *bezziro*; Verner Kz. XXIII 126 f., Paul Literaturbl. f. germ. u. rom. Phil. I 6; Kluge PBb. VIII 520 f.

4) Die Betonung der griech. Nom. und Acc. sing. neut., wo der indog. Accent bleibt: *ἥδιον*, *svā́dīyas*, got. *sūtizō*. Verner Kz. XXIII 127 nahm auch für den Superlativ ursprüngliche Betonung der ersten Silbe an. Dies wurde von Brugmann Kz. XXIV 99 auf Grund theoretischer Erwägungen verworfen, und später machte Kluge PBb. VIII 519 ff. erstens gewisse Erscheinungen des griech. Vocalismus wie in *ἐλάχιστος*, zweitens einige Fälle der Oxytonierung im Sanskrit geltend, deren Ueberzeugungskraft sich noch bedeutend erhöhen lässt, wenn wir die Thatsache in Erwägung ziehen, dass diese Formen alle (wenigstens im RV.) mehr oder wenig „isoliert“ dastehen, z. B. *yācchreshṭhá-* 'wie *(yād)* es am heilsamsten ist', durch seine Bildung, *jyeshṭhá-* 'ältester' *(jyéshṭha-* 'mächtigster', *√jyā* 'überwältigen'), durch seine Bedeutung. Denen reiht sich noch *kanishṭhá-* 'jüngster' an, welches in der späteren Sprache proparoxyton war und als solches hier nach Çânt. 1, 23 immer die Bedeutung 'geringster' hatte, während es in der Bedeutung 'jüngster' oxyt. war. Im RV. kommt das Wort nur einmal vor, und dann als Gegensatz zu *jyeshṭhá-*; dass im übrigen die Betonung *kanishṭhá-* nicht so fest im Sattel war wie die von *jyeshṭhá-*, beweist *ákanishṭha-* 'von denen keiner der jüngste ist' (RV.) gegenüber *ajyeshṭhá-* 'von denen keiner der älteste ist' (RV.), vgl. dazu Knauer Kz. XXVII 25. Weiter ist *davishṭhám* durch seinen ausschliesslichen Adverbialgebrauch eine „isolierte“ Form. Kluge a. a. O. zieht auch in Betracht altfries. *lêrest* neben *lêssa* und ags. *lǽresta* neben *lǽs (lǽssa)*.

Die Betonungsausgleichung zwischen Superl. und Compar. fand aber im Griechischen wahrscheinlich schon längst vor dem Eintreten des Gesetzes für den Secundäraccent statt, und wir haben daher *ἡδίων* und *ἥδιστος*, was dieses Gesetz betrifft, in gleicher Linie zu betrachten; d. h. *ἡδίστου* auf **ἥδιστου* ebenso wie *ἡδίων* auf **ἥδιων* zurückzuführen.[1]

Dass nun unserer Regel gemäss *ἡδίων* für **ἥδιων* (*svádīyān*), *ἡδίους* für **ἥδιους* (*svádīyāṅsas* = **svádīyāsas* Brugmann Kz. XXIV 67 f.), *ἡδίστου* für **ἥδιστου*, (*svádishṭhasya*), *ἐλαχίστοις* für **ἐλάχιστοις* oder **ἔλαχιστοις* (*rághishṭhāis*) erscheinen, ist grade dieselbe Erscheinung wie bei dem Verbum finitum: *δώδεκα νῆες φέρονται* statt **δώδεκα νῆεσφερονται* (= skr. *dvádaça návo bharante*) oder *ζυγὸν φεροίμεθα* statt **ζυγόμφεροιμεθα* (= skr. *yugám bharemahi*).

Das historische Verhältniss von *ἥδιον* zu *ἡδίων* zeigt in auffallender Weise die Ungenauigkeit des Ausdrucks „recessiver Accent“.

D. In den Zahlwörtern *τρισκαίδεκα, τεσσαρακαίδεκα, ἑπτακαίδεκα, πεντεκαίδεκα, ὀκτωκαίδεκα, ἐννεακαίδεκα* ist der Ton auf *καί* offenbar nicht der historische, sondern einfach der Secundäraccent, der einen dem Wortanfang näher gelegenen Ton ersetzt, etwa: **πέντεκαιδεκα, *ἑπτάκαιδεκα* etc. In solchen Fällen, wo ein Zahlwort aus zwei zusammengerückten gebildet wird, ruhte der Ton ursprünglich auf der addierten Zahl, als dem „dernier déterminant“. Vgl. *ἕνδεκα*, skr. *ékādaça; δώδεκα* skr. *dvádaça;* weiter auch skr. *páñcadaça* '15', *saptátriñçat* '37', *návashashṭi* '69', *ashṭáçatam* '108' u. s. w. Das Neugriechische kehrt die gewöhnliche classische Reihenfolge um, betont aber immer noch die addierte Zahl: *δεκαπέντε* '15', *δεκάξ* '16', *δεκαεφτά, δεκαοχτώ, δεκαεννιά,* — ein Gebrauch, der seinen Beginn schon in der classischen Sprache gemacht hatte. Die andere Reihenfolge ist aber sicher die alte; vgl. *ὀκτωκαί-*

---

[1] In *ἔλασσον* (skr. *rághīyas*), *ὄλειζον, ἄμεινον* ruht der Ton auf einem Vocal scheinbar prothetischen Charakters. Diese Zurückziehung des Accents haben wir uns zu denken, entweder als Eintreten des Secundäraccents (vgl. *ὄνομα, náman*) oder als eine proportionelle Analogiebildung: *ἡδίων : ἥδιον = γλυκίων : γλύκιον = ἐλάσσων : ἔλασσον, κ. τ. λ.*, oder endlich als Fortsetzung einer alten noch im Sanskr. vertretenen Regel, wobei ein Präfix den Ton bekam: vgl. *údyamīyas* 'mehr auseinander sperrend', *práticyavīyas* 'mehr sich herandrängend', *çámbhavishṭhas* 'am meisten zum Heil gereichend' (aber *çambhúsh* 'zum Heil gereichend').

δεκα, lat. *octodecim*, skr. *ashṭâdaça*, avest. *aṣtadasa*, ahd. *ahtôzëhan*, air. *ocht n- . . . déac*, abulg. *osmĭ na desęte*, litt. *asztûniólika* u. s. w.

Wo diese Zahlwörter im Griechischen in ihre einzelnen Bestandtheile getrennt sind, wie *δύο καὶ δέκα* gleich *δώδεκα* (Herod. Schol. B. 557), *τρεῖς καὶ δέκα* für *τρισκαίδεκα* (Eusth. 1963, 21, La Roche. Hom. Textcrit. 229) haben wir es entweder mit einer künstlichen Grammatikerauflösung zu thun, oder mit einer sprachlichen Neubildung, etwa einer Volksetymologie, die als eine Reaction gegen die Lautgesetze der Composition alle Tage, und im Munde jedes Sprechenden leicht zu Stande kommen konnte. Eben bei *τρισκαίδεκα* als Zusammensetzung mit dem erstarrten Accusativ *τρῖς* = urgriech. **τρινς* wäre die Auflösung (*τρεῖς καὶ δέκα*) wahrscheinlicher, weil *τρεῖς* als selbständiges Wort zu erkennen war, während *τρῖς* schon ziemlich früh aus dem ion.-att. Dialekt verdrängt wurde.

E. Composita, welche den Ton ursprünglich auf dem ersten Glied hatten, wurden in der Mehrheit der Fälle gezwungen, den grundsprachlichen durch den secundären Accent zu ersetzen, wie: *ὀνομάκλυτος* (st. **ὀνόμακλυτος*), skr. *nâmaçruta-s*. (Die daneben erscheinende Betonung *ὀνομακλυτός* ist natürlich unursprünglich und auf analogischem Wege entstanden.) Tatpurusha und Karmadhâraya Composita, deren zweites Glied ein *to*-Participium bildete, betonten im Sanskr. regelmässig das erste Glied; Whitney §§ 1273, 1284, 1085 a, Garbe Kz. XXIII 488, 495: *hástakṛta- (kṛtá-), ghóshabuddha-, (buddhá-), ánâdhṛshta-, sánaçruta-, sáyukta-, práyata-* u. s. w. Spuren derselben Betonung sind im Germanischen von Kluge Kz. XXVI 71 ff. bemerkt worden. Solches war auch ursprünglich die griechische Betonung (vgl. Schröder Kz. XXIV 118, 121), die sich noch behauptet in Wörtern wie *ἄλυτος*, *ἀμφίβλητος*, *ἔμπληκτος*, *ἔκδοτος* u. s. w., aber in denen, wo der alte Accent vor der Antepaenultima lag, durch den Secundäraccent verdrängt worden ist. Hierfür sind Beispiele: *ἐξήλατος*, *αἱμοφόρυκτος*, *αὐτοδίδακτος*, *ἀποτελεύτητος* (st. **ἀποτελευτητος*) u. a.

In analoger Weise bekommen die Abstracta auf *-ti*

mit adverbialem Praefix den Ton auf dem Praefix; vgl. Whitney Skr. Gramm. § 1157 d. So *ánumati-*, *sáṅgati-*, *abhíbhūti-*, *práyati-*, *vyā̀pti-*, *abhīti-* u. s. w.

Spuren desselben Gebrauches im Germanischen ersehe man bei Kluge Kz. XXVI 68 ff. Für das Griechische vergleiche man nach Schröder Kz. XXIV 115, z. B. *ἀνάπτευσις ἀνάβλησις*, *ἔκβασις*, *πρόβασις* u. s. w. Der Secundäraccent erscheint in *ἀπότισις* = skr. *ápaciti-* (siehe oben S. 34); ferner in *ὑπεραύξησις*, *ἀφαίρεσις*, *ἀφαιρέσεως*, *ἐκλόγησις*, *ἐκπέτασις*, *ὑπηρέτησις* u. s. w.

Im Sanskr. werden die Bahuvrīhi-Composita gewöhnlich auf dem ersten Glied betont; Garbe Kz. XXIII 502 ff., Whitney § 1295; und auf eine solche Betonung werden die griechischen Bahuvrihis zurückgeführt von Schröder Kz. XXIV 106 ff. Diese ursprüngliche Betonung bleibt in *βαθύκολπος* (*βαθύς*), *κλυτόπωλος* (*κλυτός*), *ὑπέρθυμος* (*ὑπέρ*), *χαλκόπους* (*χαλκός*) u. s. w., wird aber durch den Secundäraccent ersetzt in *μεγάθυμος* (*μέγας*), *ἐννεάπηχυς* (*ἐννέα*), *ἀργικέραυνος*, *οἰοχίτων*, *λινοθώρηξ*, *ταυρομέτωπος* u. dgl. mehr. Unter einander zu vergleichen sind diese Zusammensetzungen mit *χρυσο-*: *χρυσόθρονος* wie *χρυσός* aber *χρυσοπέδιλος*, *χρυσοτριαίνης*.

Die Einführung des Secundäraccents ist der Umstand, dem die Verdunkelung des ursprünglichen Accentunterschiedes zwischen den „Mutatis" und den „Immutatis" hauptsächlich zuzuschreiben ist; vgl. Schröder Kz. XXIV 106: „Bei Homer gilt sowohl für Mutata als für Immutata das Hauptgesetz: wenn es möglich ist, wird das erste Glied des Compositums betont." Hierbei sind folgende Punkte zu bemerken:

1) Nach Einführung des Secundäraccentes fielen die „Mutata" und die mit proparoxytoniertem, oder, bei langer Endsilbe, paroxytoniertem zweiten Gliede zusammen, z. B. *ἡμιπέλεκκον* (*Ψ*. 851) 'Halbaxte' ist wahrscheinlich Immutatum, obwohl *πέλεκκον* nur in der Bedeutung 'Stiel' vorliegt. Die Betonung des Mutatums wäre aber ganz dieselbe. Das Gleiche gilt von den Immutata *ἡμιτάλαντον* (*Ψ*. 771) 'ein halbes Pfund', *ψευδάγγελος* (*O*. 159) 'Lügenbote', *αὐτοκασίγνητος* (*Γ*. 238) 'leiblicher Bruder', *αὐτάδελφος* 'leiblich ver-

schwistert'. Ein αὐτοκέλευθος 'für sich des Weges ziehend', Bahuvrīhi oder „Mutatum", könnte dagegen ohne Aenderung der Form auch 'der Weg an sich' oder 'Selbstweg' heissen; vgl. αὐτοβούλησις 'der Wille an sich'; αὐτοστράτηγος 'unabhängiger στρατηγός'.

Ebenso haben gar kein unterscheidendes äusserliches Merkmal folgende Mutata: εὐρυκέλευθος (κέλευθος), ἰσοδαίμων (δαίμων), κακοθάνατος (θάνατος), πολιοκρόταφος (κρόταφος), λιπαροπλόκαμος (πλόκαμος), ἰσχυροθώραξ u. s. w. Auch bei den folgenden bietet der Accent nicht die Unterscheidung, die sich nur durch die grammatische Form ergibt: λευκογένειος (γένειον), καλλιρέεθρος (ῥέεθρον), ἀερσικάρηνος (κάρηνον), λιπαροκρήδεμνος (κρήδεμνον) und dergl. mehr.

Wichtig in dieser Beziehung ist die Thatsache, dass nirgends der Betonungsunterschied zwischen Mutatis und Immutatis so treu aufrecht erhalten wird, wie in den mit zweisilbigem Endgliede gebildeten Compositis: λιθοβόλος 'mit Steinen werfend', λιθόβολος 'gesteinigt'; δημοβόρος 'das Volk verschlingend', θηρόβορος 'von einem Thier gefressen'; πηλοδόμος, πηλόδομος; παιδογόνος, θεόγονος; μητροκτόνος, μητρόκτονος u. s. w.

2) In den obliquen Casus geschah der Zusammenfall der Mutata und Immutata noch viel häufiger: *ἀκροπόλις (ἀκρόπολις) hätte eine unterscheidende Betonung haben können, nicht aber ἀκροπόλιος (-εως), ἀκροπόλει; so *ποδανίπτρον (ποδάνιπτρον), nicht aber ποδανίπτρου.

3) Da der Betonungsunterschied auf diese Weise verdunkelt wurde, und da die substantivischen Mutata in der Mehrzahl gegenüber den substantivischen Immutata (Schröder a. a. O. 111, 112) waren, und ferner da gewisse Classen der Immutata den Ton historisch auf dem ersten Glied hatten *(átimati-, sómaçita-, sámbhṛta-)*, so kam es, dass der recessive Accent als die regelmässige Betonung für substantivische Composita betrachtet wurde, besonders in den Fällen, wo der Ton auf das erste Glied fiel. Schröder Kz. XXIV 110 findet für die substantivischen Immutata bei Homer die fast ausnahmslose Regel: „wenn die Accentuirung des ersten Gliedes (nach der Hauptregel für Composita) nicht möglich

ist, dann wird der Accent nicht, wie bei den Mutatis, möglichst weit zurückgezogen, sondern das zweite Glied erhält diejenige Betonung, welche es als selbständiges Wort besass". So *ἡμίονος* aber *τυμβοχοή*. Nach Schröder S. 112 zeigen die substantivischen Immutata in der nachhomerischen Sprache eine stärkere Neigung zur Aufnahme des Secundäraccents. Adjectivische Mutata schwanken zwischen dem Secundäraccent und der Betonung des zweiten Gliedes; Schröder S. 116 ff. Einen merkwürdigen Fall der Beibehaltung des ursprünglichen Accents, wo die Betonung des ersten Gliedes unmöglich war, sieht Schröder (S. 125) in dem Verhältniss von *ἐξημοιβός*, *ἐπαρωγός*, *ἐπημοιβός* zu *ἐπίτονος*, *ἀπότροπος*, *ἐπίστροφος* u. s. w. (skr. *apagohá*, *anuyâjá-* u. s. w.). Eine andere Deutung dieser Erscheinung wird weiter unten gegeben.

F. Die griechischen Composita mit Alpha privativum zeigen Spuren einer ursprünglich häufigeren Betonung des privativen Elementes. Für das Sanskrit hat F. Knauer in einem Aufsatz Kz. XXVII 1 – 68 die Regelung der Betonung für diese Composita untersucht, wobei er folgende zwei Hauptregeln entdeckt hat: a. „Entweder ist das Praefix betont oder das Suffix." b. „Die Composita betonen das Praefix, die Ableitungen dagegen das Suffix."

Unter Compositum versteht er hier die Verbindung eines Alphapriv. mit einem in der Sprache wirklich vorkommenden Wort. Eine ziemlich eingehende Untersuchung der Accentverhältnisse in den entsprechenden griechischen Composita hat mich auf einige, einer weiteren Behandlung bedürftige Schwierigkeiten geführt; eins war dagegen ganz klar und bildet eine Regel, die keine Ausnahme erleidet: die echten Composita („adverbial bestimmte Karmadhāraya", Knauer) betonen entweder wie im Sanskrit das Alpha privativum, oder die Stelle des Secundäraccentes; z. B. *ἄγνωτος* (skr. *ájñāta-*) aber *ἀμάχητος*.[1]

[1] Die negativen Adjectiva auf *-ής* mit den Adv. auf *-ί* (*-εί*), seien sie direkte Vertreter einer alten Bahuvrīhibetonung, wie Knauer Kz. XXVII 68 meint, oder secundär nach Analogie der anderen oxytonirten Adj. auf *-ης* gebildet, wurden jedenfalls im Sprachgefühl nicht mehr als Composita, sondern als Derivativa empfunden, da sie in fast allen

Unter einem „echten“ Compositum verstehe ich eine Verbindung von dem Alpha privativum mit einem wirklich in der Sprache (oder im Sprachgefühl?) existierenden Wort, so dass ein Wort daraus entsteht, dessen Redetheilcharakter dem seines Endelementes gleich ist, vgl. Schröder Redeth. 205 ff.

Die von Schröder Redetheile 555 citierten Fälle (*ἄδωρα*, *ἄνᾶις* u. s. w.) mögen in ihrem späteren Gebrauche und vom Standpunkt der descriptiven Grammatik einigermassen schwer zu classificieren sein; in ihrer Entstehung waren sie aber zweifellos echte Composita; wie die häufig vorkommenden scherzhaften Bildungen zeigen, vermochte die Sprache sie beliebig auch neu zu bilden — eine von Schröder gänzlich übersehene Thatsache. Im Sanskrit sind solche Composita, wie der Accent beweist (Derivativa wären oxyt.), sicher als echte Composita empfunden worden: *áveda-* 'Nichtveda', *ávaçā-* (*vaçā́-*) 'Nichtkuh, schlechte Kuh' u. s. w.

Jedenfalls waren diese Formen im Griechischen, was

Füllen keine Simplicia neben sich hatten, z. B.: *ἀβαθής* hatte neben sich ein *βάθος*, *ἀγχιβαθής*, *λεπτοβαθής*, *μελαμβαθής* aber kein **βαθής*; *ἀδαής* ein *ὀρθοδαής* etc. aber kein **δαής*; *ἀδεής* ein *δέος*, *θεουδεής*, *περιδεής* etc., aber kein **δεής*; *ἀθαμβής* ein *θάμβος*, *περιθαμβής* aber kein **θαμβής*; *ἀναιδής* ein *αἰδώς* aber kein **αἰδής*; *ἀβαρής* ein *βάρος*, *γυιοβαρής*, *οἰνοβαρής*, *χαλκοβαρής* etc. aber kein **βαρής*; *ἀβλαβής* ein *βλάβος* (*βλάβη*), *θεοβλαβής*, *πολυβλαβής* etc. aber kein **βλαβής*; *ἀγενής* ein *γένος*, *αἰθρηγενής*, *ἀρχηγενής* etc. aber kein **γενής*; *ἀειδής* ein *εἶδος*, *ἀεροειδής*, *ἀλλοειδής* etc. aber kein **εἰδής*; *ἀηδής* ein *ἦδος*, *μελιηδής*, *θυμηδής*, aber kein **ἠδής*; *ἀκρατής* ein *κράτος*, *ἐγκρατής*, *ἐπικρατής*, *ἰσοκρατής* etc. aber kein **κρατής* u. s. w. Mit den wenigen Ausnahmen, die diese Regel erleidet, wie *ψευδής* (*ἀψευδής*); *σαφής* (*ἀσαφής*), *ἐντρεχής* (*ἀνεντρεχής*) etc. wusste bemerkenswerther Weise Apollonius de Adv. Bekk. An. 547. 19 sich so abzufinden, dass er sie als Rückbildungen aus den Compositis *ἀψευδής* u. s. w. ansah. Dieses dürfte für das Sprachgefühl Zeugniss geben, wenn es auch der Entstehungsgeschichte der betreffenden Formen wohl nicht entsprechend ist. Das Sprachgefühl gestaltet sich offenbar immer nach dem w i r k l i c h v o r h a n d e n e n, und nicht nach dem m ö g l i c h e n Material einer Sprache. Die Frage über die Betonung der auf *-ης* endenden Composita bedarf einer viel eingehenderen Behandlung, als sie hier möglich ist, wobei die Accentuation der Formen auf *-ώδης*, *-άντης*, *-άρκης*, *-έγχης*, *-έτης*, *-ήθης*, *-ήκης*, *-ήρης*, *-ώδης* etc. entschieden in Betracht zu ziehen sein wird.

die Betonung, die uns hier allein interessiert, angeht, nur als wirkliche Composita behandelt.

Es folgen nun einige Beispiele unserer S. 45 erwähnten Regel, wonach bei den echten Alphapriv.-Compositis entweder das Alphapriv., oder die Stelle des Secundäraccents betont wird.

a. Betonung des Alpha privativums:

α) Partikel plus Substantiv: *Ἄϊρος* (*Ἶρος*) 'Iros der kein Iros ist', Od. 18, 73; *ἄδωρα* pl. v. *ἄδωρον* (*δῶρον*) 'Gaben, die nicht Gaben sind', Soph. Aj. 665; *ἄκηπος* (*κῆπος*) 'ein Garten, der kein Garten zu nennen ist', Greg. Naz.; *ἄνᾶες* (*ναῦς*) 'zerstörte Schiffe', Aesch. Per. 680; *ἄνεργα* (*ἔργον*) 'ungethane Thaten', Eur. Hel. 363 (N); *ἄχαρις* (*χάρις*) 'Dank, der kein Dank ist', Aesch. Prom. 544.

β) Partikel plus Adjectiv: *ἄλυτος* (*λυτός*) 'unauflöslich'; *ἄσβεστος* (*σβεστός*) 'unauslöschlich'; *ἄφθιτος* = skr. *ákshita-* (*φθιτός* = *kshitá-*) 'unvergänglich'; *ἄγνωτος* = *ájñāta-* (*γνωτός* = *jñātá-*) 'unbekannt'; *ἄδηλος* (*δῆλος*); *ἄκακος* (*κακός*); *ἄναγνος* (*ἁγνός*); *ἄπιστος* (*πιστός*); *ἄτλας* (*τλάς*); *ἄθηλυς* (*θῆλυς*); *ἄατος* 'unersättlich (**ἀτός* = got. *sada-*, ahd. *sat*, an. *sađ*, as. *sad*, ags. *sæd*).

Aehnliche Bildungen im Skr. sind (vgl. Knauer Kz. XXVII 10 ff.):

α) Partikel plus Substantiv: *ákrodha-* (*kródha-*) 'das Nichtzürnen'; *áveda-* (*véda-*) 'Nichtveda'; *ádāna-* (*dā́na-*) 'das Nichtgeben'; *ánirā-* (*írā*) 'Entkräftung'; *ápati-* (*páti-*) 'kein Gatte'; *ádhenu-* (*dhenú-*) 'eine nicht milchende Kuh'; *ápitar-* (*pitár-*) 'Nichtvater' u. a.

β) Partikel plus Adjectiv: *ákshita-* (*kshitá-*) 'unvergänglich'; *ákshata-* (*kshatá-*) 'unverletzt'; *ádīrgha-* (*dīrghá-*) 'nicht lang'; *ásravant-* (*sravánt*) 'nicht leck'; *ábhīru-* (*bhīrú-*) 'furchtlos' u. s. w.

b. Wenn der Ton wegen der Beschränkung des Dreisilbengesetzes auf dem Alpha privativum nicht bleiben kann, so erscheint der Secundäraccent; *ἀμβρόσιος* = skr. *ámartiya-* 'unsterblich'. Dass dieser Accent keiner bestimmten Silbe und keinem bestimmten Theile des Wortes zukommt, zeigt eine Vergleichung solcher Fälle wie der folgenden: *ἄλυτος*, *ἀμάχητος*, *ἀνεξέλεγκτος*, *ἀνενθουσίαστος*, *ἀνεπικοινώνητος*.

Der Secundäraccent fällt durch Zufall theilweise mit dem Accent des Simplex zusammen; (ἀνελεύθερος neben ἐλεύθερος); oder bleibt verschieden (ἀνίερος neben ἱερός). Beispiele des ersteren Falles sind folgende:

α) Partikel plus Substantiv: ἀπολίτης (πολίτης Hom.) 'Nichtbürger' Theoph.; ἀναύξησις (αὔξησις Plat. Thuk.) 'Mangel an Wachsthum' Hippoc.; ἀγυμνασία (γυμνασία Plat. Isocr. Aristot.) 'Mangel an Uebung' Aristoph.; ἀμνημοσύνη (μνημοσύνη Hom. Pind. Eur.) 'Vergessenheit' Eur. u. spät; ἀστρατεία (στρατεία Aesch. Eur. Hdt. Isoc. Thuk. Xen. Plat. Dem. u. a.) 'Freiheit vom Kriegesdienst, Verlassen des Kriegesdienst' Aristoph. Plat. Andoc. Dem. Solche Beispiele könnten massenhaft angeführt werden, wovon einige das Gepräge als Composita deutlicher führen als andere. Die Nothwendigkeit der von Schröder S. 208 empfohlenen Unterscheidung zwischen Composita und Derivativa ist augenscheinlich; sie fasst aber in sich die Frage nach dem Sprachgefühl derjenigen, welche diese Ausdrücke gebrauchten, und zur Ermittelung dieses kann keine allgemein gültige Regel angewandt werden. Jeder Fall, resp. jede Gruppe von Fällen muss für sich je nach dem zur Zeit existierenden Material der Sprache und je nach der jedesmaligen Bedeutung beurtheilt werden. Für die Betonungsfrage ist, wie schon gesagt, diese Unterscheidung von sehr untergeordneter Bedeutung.

β) Partikel plus Adjectiv:

ἀνεπιστήμων (ἐπιστήμων Hom.) 'unwissend' Her. Thuk.; ἀσύννους Plat. (σύννους Isoc. Aristot.); ἀβέβαιος Dem. (βέβαιος Soph.); ἀνόστιμος Hom. (νόστιμος Hom.); ἀπρόσφορος Eur. Theod. (πρόσφορος Aesch. Hdt.); ἄνοσιος Hdt. Soph. Eur. (ὅσιος Aesch.); ἀδαήμων Hom. (δαήμων Hom.); ἀΐστωρ (ἵστωρ) Eur. Plat.

γ) Partikel plus Adverb:

ἀέκητι Hom. (ἕκητι Hom.).

Der Secundäraccent fällt mit dem Accent des Simplex in Fällen wie den folgenden nicht zusammen: ἀγλάφυρος Ath. (γλαφυρός Hom.); ἀνάστειος Ath. (ἀστεῖος Xen.); ἀνέψανος Hipp. (ἑψανός Hipp.); ἀνίερος Aesch. Eur. Plat. (ἱερός Hom.);

ἀνίκανος Arr. Heliod. (ἱκανός Hdt. Thuk.); ἀπάνουργος Plut. (πανοῦργος Aesch.); ἀστύφελος Theogn. (στυφελός Aesch.); ἀσύνετος Hdt. Thuk. (συνετός Pind. Thuk.); ἀβίωτος Aristoph. Xen. Plat. (βιωτός Soph. Aristoph. Plat.); ἀέκων Hom. (ἑκών Hom.) u. s. w.

G. Im Sanskrit empfängt bekanntlich der Vocativ den Ton auf die Anfangssilbe, aber anderswo als am Anfang eines phonetischen Satzes wird er tonlos, auch wenn mehrere Vocative nach einander stehen. Diese Enklisis einer Reihe von Vocativen hält Whitney Oriental and Linguistic Studies II 334 Anm. für ein Raffinement der Grammatiker; nach ihm bekäme ein Vocativ am Satzanfang natürlicherweise einen gewissen Nachdruck; innerhalb des Satzes würde er aber als etwas parenthetisches betrachtet; dafür fänden sich in modernen Sprachen zahlreiche Analogien, und allgemeine phonetische Erwägungen böten eine ausreichende Erklärung dar; die Enklisis einer Reihe von Vocativen verträte aber die künstliche Ausdehnung des Princips über seine eigentlichen Grenzen hinaus: „the Hindus having once recognized and established the principle have consistently carried it out everywhere“. Wenn diese Auffassung das richtige trifft, was mir unzweifelhaft scheint, dann waren die betonten Vocative in der gesprochenen Sprache zahlreicher, als es nach den accentuierten Texten den Anschein hat. Im Griechischen bleiben bekanntlich trotz der ausgleichenden Kraft des Nominativaccents und der störenden Wirkung des Secundäraccents noch Spuren der alten Betonung übrig, z. B.: δέσποτα (δεσπότης) Schol. Ven. A. 175, Choer. Kan. 431, 5; ἄδελφε (ἀδελφός) Ammon. 117 (Valck.); μόχθηρε, πόνηρε (μοχθηρός, πονηρός, aber att. μόχθηρος, πόνηρος Eust. 341, 14; Arcad. 71, 16 (Bark.) = Lentz Herod. I 197, 19; Ammon. pp. 95, 116); γύναι (γυνή). ἄνερ (ἀνήρ), δᾶερ (δαήρ, skr. *devā́*, voc. *dévar*), Δήμητερ (Δημήτηρ), εἴνατερ (εἰνάτηρ), θύγατερ (θυγάτηρ, skr. *duhitā́*, voc. *dúhitar*), πάτερ (πατήρ, skr. *pitā́*, voc. *pítar*), μῆτερ (μήτηρ, skr. *mātā́*, voc. *mā́tar*), σῶτερ (σωτήρ), Ζεῦ (Ζεύς, skr. *Dyāús*, voc. *Díyāus*, d. h. *Dyāùs*, vgl. Lanman Noun-Inflect. 432.), παῖ (παῖς für παΐς, Meister Zur gr. Dial. S. 1 f.); Vocativa auf -ες und -ον (Nom. -ης, -ων) wie Σώκρατες (Σωκράτης), Εὔγενες, Ἄπολλον. Wie lebendig dies Vocativbetonungsprincip in der Sprache noch war, ersieht man daraus, dass sogar noch Neubildungen nach den altüberlieferten Fällen zu Stande kam: Πόσειδον statt *Ποσείδων (= *Ποσείδαον) nach Ἄπολλον; Ἥρακλες, Λύσικλες statt und neben Ἡράκλεις, Λυσίκλεις zunächst nach Εὔγενες, Σώκρατες (die freilich ihrerseits = *Εὐγενές, *Σωκράτες schon mit dem Secundäraccent behaftet waren); wohl auch ἄδελφε nach πόνηρε, μόχθηρε, da ἀδελφός schon selbst Neubildung an Stelle einer ursprünglich längeren Form war, vgl. unten S. 59 f. Für ἱππεῦ (ἱππεύς), Ἀχιλλεῦ u. s. w. hat Wackernagel Kz. XXIV 295 ff. eine Erklärung (ἱππεῦ = *ἱππέυ = ἀςvayo, ἱππεύς = aςvayú-) versucht, welche, wie G. Meyer gr. Gramm. S. 287 Anm. 1) mit Recht bemerkt, wegen der Unsicherheit der Wackernagel'schen Auffassung des Ursprungs der Nomina auf -εύς selbst unsicher ist; mehr befriedigt Osthoff's mir mündlich mitgetheilte Vermuthung, dass hier für alle Fälle das häufig zur Anwendung gekommene Verhältniss Ζεῦ : Ζεύς die Norm abgegeben haben werde. Ueber die Perispomenierung von ἠοῖ (ἠώς), αἰδοῖ (αἰδώς) und Λητοῖ (Λητώ), πειθοῖ (πειθώ), ἠχοῖ (ἠχώ) u. s. w. hat Joh. Schmidt in seiner eingehenden Untersuchung Kz. XXVII 374 ff. keine Erklärung geliefert.

Die Zurückziehung des Accentes in den griechischen „Kosenamen", wie Ἄγαθος (= Ἀγαθοκλῆς u. s. w.), βάθυς (= βαθυκόμης u. s. w.), Ἴων (Ἰοβάτης u. s. w.), erklärt Fick Die griech. Personennamen S. XVIII für eine „sinnreiche Auskunft" der Griechen, um dieselben von den gleichlautenden Adjectiven zu unterscheiden. Er sagt: „Um diese meistens mit den wirklichen echten Bestandtheilen der Vollnamen lautlich zusammenfallenden Kosennamen vor dem Missverständniss zu schützen, als beständen sie in Wahrheit für sich selbst ohne Anlehnung an die entsprechenden zweistämmigen Namen, haben die Griechen die sinnreiche Auskunft ergriffen, die fraglichen Kosenamen für die weitaus grösste Zahl der Fälle durch den Accent von den betreffenden Wörtern der Sprache zu scheiden, indem der Kosename durchweg den Accent zurückzieht, während das entsprechende selbständige Wort meist am Ende betont wird".

Dass die Sprache sich eines schon existierenden lautlichen Unterschiedes bedienen sollte, um einen Gebrauchs- oder Bedeutungsunterschied zu markieren, ist vollkommen glaublich; nicht aber, dass die Sprache einen solchen lautlichen Unterschied aus eigener Kraft erschaffen sollte, vgl. Behaghel Germania 23, 292; Paul Principien 133 ff. Ich vermuthe, dass die betreffende Betonungsweise von dem Vocativgebrauch herstammt, der, wie Joh. Schmidt Kz. XXVII 377 in Bezug auf die *ōi*-Stämme erkannt hat, gerade in Kosenamen eine hervorragende Rolle spielt.[1]

Von einer Art „Nominalaccent" (einem vielfach missbrauchten Ausdruck) kann hier durchaus nicht die Rede sein. (Ueber den Unterschied der Betonung zwischen „Nomina actionis" und „Nomina agentis" vgl. S. 69 ff.) Die Betonung der Kosenamen steht fast ebenso oft im Gegensatz zu derjenigen der sonst lautlich gleichen Substantive als im Einklang mit derselben: *Ἄγων* (Koseform zu *Ἀγώνιππος* u. s. w.) neben *ἀγών*; *Αἴχμη* (*Αἰχμοκλῆς* u. s. w.) neben *αἰχμή*; *Εὔχη* (*Εὐχήνωρ* u. s. w.) neben *εὐχή*; *Θῦμος* (*Θυμοκλῆς* u. s. w.) neben *θυμός*; *Ἴσχυς* (*Ἰσχένοος* u. s. w.) neben *ἰσχύς*; *Καῖρος* (*Καιρογένης* u. s. w.) neben *καιρός*; *Κάπνος* (*Καπνογένης* u. s. w.) neben *καπνός* u. dgl. mehr. Dagegen stehen, bloss zufälliger Weise, wie ich glaube, im Einklang: *Ἵππος* (*Ἱππόλυτος* u. s. w.)

[1] Wenn man annehmen darf, ein regelrechter alter Vocativausgang von *i̯o*-Stämmen sei im Indog., in Folge der Tiefstufigkeit der Endung, -*ī* gewesen, wofür man sich auf das lat. *fīlī* berufen könnte, so wäre zu vermuthen, dass im Griechischen durch Einfluss eines Vocatives auf -*ι* (Nomin -*ιος*), und etwa nach einer Analogie *πόλι* : *πόλις* u. s. w. die Kosenamen auf -*ις* neben *ιος*, wie *χρόμις* (*χρόμιος*), *Πάρις*, *Ἆγις*, *Νίκις* *κ. τ. λ.* entstanden seien, vgl. Benseler Cur. Stud. III 147 ff., G. Meyer gr. Gramm. § 155. Der Gottname *Váruṇa-* neben *οὐρανός* 'der umfassende, der Himmel' scheint die Vocativbetonung durchgeführt zu haben, vgl. lat. *Jūpiter* (voc.) neben *Diēspiter* (nom.); siehe auch unten S. 60. Das idg. Wort, worauf *οὐρανός* und *Γáruṇa-* zurückgehen, war, wie es scheint, kein Substantivum, sondern bloss Adjectiv, vgl. von Bradke Dyâus Asura S. 72. Die epischen Nominativa auf -*ᾰ*: *εὐρύοπα*, *ἱππότα*, *νεφεληγερέτα* u. s. w. sind erstarrte Vocativa; Brugmann M. U. II 199 Anm., Gust. Meyer gr. Gramm. S. 278 f.

und ἵππος; Πόλεμος (Πολέμαρχος u. s. w.) und πόλεμος; auch Eigennamen und lautlich gleiche Adjectiva: Ἄξιος (Ἀξιοπείθης), ἄξιος; Δῖος (Διογένης), δῖος; Ἴσος (Ἰσόνομος), ἴσος; Ἄριστος (Ἀρίστιππος), ἄριστος u. s. w. Gerade diejenigen Koseformen, welche im Vocativ eine Betonung der Anfangssilbe zulassen, z. B. die auf -ος, -υς, -ις, -ων, (voc. -ον) weisen diese „Zurückziehung" des Accentes auf; während andere, wie die auf -ώ, -έας (-ᾶς), -έης (-ῆς), εύς u. s. w. den gleichlautenden Substantiven folgen.

Es ist hier wohl zu beachten, dass wenigstens in zwei viel gebrauchten Kategorien der Eigennamen eine ältere Betonungsweise von denselben beibehalten wird, als in den gleichlautenden syntaktisch gebundenen Formen erscheint, näml. Ὀρχομενός, Σωζομενός u. s. w. (vgl. S. 67), und Διομήδης, Πυλαιμένης, Διογένης u. s. w. (vgl. Schröder Kz. XXIV 109).

Wir gehen nun zu den für uns in diesem Zusammensammenhang höchst wichtigen Fällen über, wo der ursprüngliche Vocativaccent durch den Secundäraccent ersetzt wird. Diese Erscheinung treffen wir in den zusammengesetzten Formen auf -ον und -ες an: Διόγενες, Ἀμφίκρατες, Ἀριστότελες, Ἀγάμεμνον, Ἀριστόγειτον u. s. w. Ob hier der Secundäraccent als Vertreter eines ursprünglichen Accents auf der Anfangssilbe oder einer ursprünglichen Tonlosigkeit anzusehen ist, ist schwer zu sagen; d. h. ob Ἀγάμεμνον ein Nachfolger von *Ἄγαμεμνον[1] ist, wie ἡδίων von *ἥδιων, skr. *svā́dīyān*, oder von *Ἀγαμεμνον. Dieselbe zwiefache Möglichkeit des Ursprungs bietet sich hier dar wie in dem Fall von φεροίμεθα, in welcher einen Form ja dem Griechischen das alte *φεροιμεθα der Hauptsätze und das *φέροιμεθα der Nebensätze zusammen fielen (vgl. oben S. 9).

Es ist aber eine Thatsache der Sprache, dass, wenn der Vocativaccent nicht auf der Anfangssilbe bleiben kann, er gewöhnlich in die Analogie des Nominativs hinübergeht,

---

[1] Im Skr. kam die Vocativbetonung den Compositis sowohl wie anderen Formen zu; vgl. *çúkraçoce* RV. VIII 44, 9 (nom. *çukráçocish*), *sáhasramushka* RV. VI 46, 3 (nom. *sahásramushkas*)

wie seine allgemeine Neigung sonst ist: *γεωμέτρᾰ* (nomin. *γεωμέτρης*) nicht **γεώμετρᾰ*; *παιδοτρίβᾰ, μυρωπώλᾰ, Κλεόφρον* u. s. w. Es muss aber hier in Betracht gezogen werden, dass die meisten der Eigennamen, besonders die der o-Decl., schon lautgesetzlich denselben Accent im Vocativ haben wie im Nomin.; *Ἀρίστιππε, Ζηνόδοτε, Στησίμβροτε* u. s. w. [1]

Gerade bei den Eigennamen auf *-ων* und *-ης* wurde aber der besondere Vocativaccent durch die Unterstützung derselben, obwohl historisch anders bedingten Betonung in den Neutris gleicher Bildung befestigt. Die Neutra wie *ὀλβιόδαιμον, κακόηθες* behalten eine Spur der alten Bahuvrihi-Betonung, deren Characteristicum die Beibehaltung des Tones des ersteren Bestandtheiles war, während die Vocative *Αὐτόμεδον, Ἀριστόφανες* u. s. w. in ihrem „recessiven" Accent einen Ersatz, sei es für die ursprüngliche Tonlosigkeit sei es Initialbetonung, wie man es nun auffassen mag, besitzen. Die zwei historisch verschiedenen Accente unterstützten sich gegenseitig. Wörter auf *-ωρ* z. B., die keine Neutra auf *-ορ* neben sich hatten, liessen den besonderen Vocativaccent fallen: daher *αὐτοκράτορ, Ἀντῆνορ*. Diese Erklärung gewinnt weiter an Wahrscheinlichkeit durch den Charakter der jetzt zu besprechenden Ausnahmen, die die Regel erleidet.

Zusammengesetzte Adjectiva auf *-φρων, -ωης, -ωδης, -ωλης, -ωρης, ηρης*, und zusammengesetzte Eigennamen von denselben Ausgängen betonen Nom. u. Acc. neut. sg. und Vocat. sg. auf dieselbe Silbe wie den Nominativ: *δαΐφρον, Πολύφρον*,

---

[2] Die Betonung der aeol. Vocat. (G. Meyer Gramm. § 325) *ἀκάκητα* (So Aristarch und Herodian gegen das gewöhnliche *ἀκακῆτα* von Ptolemaeus, Tyrannio und Pamphilus, vgl. Schol. Ven. *Π* 185 und Lehrs De Aris. St. [3]256; auch Choer. Kan. 431, 5. Joh. Alex. 13, 21 = Lentz Herod. I 418, 5; Eustath. 75, 35 u. s. w.), *εὐρύοπᾰ* (Schol. Ven. A. 508), *μητίετα* (Schol. Ven. A. 175, 508, vgl. auch betreffs der zwei letzteren die aus Joh. Alex. und Choerob. citirten Stellen) ist so lange von geringer Bedeutung, als wir nicht wissen können, weshalb dieselbe Betonungsweise nicht auch für *ἠπύτᾰ, ἱππηλάτᾰ, κυανοχαῖτᾰ, νεφεληγερέτᾰ* u. s. w. galt. Einen Versuch der Erklärung macht Lehrs De Aris. St. [3]256, auch Lobeck Paralip. 183 f.; Schol. Ven. *Π* 185 drückt sich so aus, als wenn Aristarch mit seiner Accentuation von *ἀκάκητα* den allgemeinen Analogien zum Trotz, der Ueberlieferung gefolgt wäre.

Λυκόφρον, ἀμφῶες, εὐῶδες, ἐξῶδες, ξιφῆρες, einmal kommt auch *ποδῶκες* vor. Vgl. Goettling Acc. 327, Chandler Greek Accentuation § 708. Warum nun haben wir nicht **Πόλυφρον* so gut wie *'Αγάμεμνον*, **λόγωδες* so gut wie *κακόηθες*; **χάλκηρες* so gut wie *μισάληθες*? Obwohl diese Frage eigentlich nicht hierher gehört, verweilen wir doch einen Augenblick dabei.

Ein Ueberblick über die sämmtlichen in Betracht kommenden Erscheinungen zeigt, dass es eine starke Neigung der griechischen Betonung ist, die sich zu einer fast ausnahmslosen Regel ausgebildet hat: in den Compositis steht der Accent nie weiter vom Wortende zurück, als auf der letzten Silbe des ersten Bestandtheiles, oder auf derjenigen, die dem Sprachgefühl die letzte zu sein scheint.

Diese Neigung, beziehungsweise Regel entwickelte sich scheinbar secundär und auf analogischem Wege infolge des Umstandes, dass nach Eintreten des Secundäraccents der Ton nur in selteneren Fällen weiter zurück als auf der erwähnten Stelle stehen konnte. Hinzu kamen die zahlreichen Fälle wie *βαθύκολπος* (*βαθύς*), *αἰνόμορος* (*αἰνός*), *ὁμότιμος* (*ὁμός*), worin der Ton auf seiner alten Stelle ist.

Die Composita auf *-φρων* (*φρήν*) unterscheiden sich nun von anderen ähnlicher Bildung dadurch, dass der zweite Bestandtheil einsilbig war; **Πόλυφρον* wäre eine Betonung der vorletzten Silbe des ersten Bestandtheiles, daher *Πολύφρον*.

Andere Fälle der Wirkung derselben Neigung sind *τετράπος, ἀρτίπος* (*ἄρτι?*), *ἀελλόπος* (*ἄελλα*), *ὀπισθόπος* (*ὄπισθεν*) u. s. w.[1]

Einige Adverbialcomposita, deren erster Theil eine Praeposition bildet, betonen in jedenfalls unursprünglicher Weise die letzte Silbe derselben: *ὑπόδρα* gegenüber skr. *saṃdṛ́ç-* u. s. w., sowie *ἀντικρύ(ς)*, *μεταξύ*(?) mit altem Accent im Griechischen selbst; *ἐπίπαν, παράπαν*, während die skr. Avyayībhāva's alle oxytonirt sind: *pratikāmám, anupūrvám, abhijñú*

---

[1] Die Bahuvrīhis auf *-πος* bewahren bekanntlich ein alterthümlicheres Gepräge als die auf *-πους*; *ἀελλόπους, ἀρτίπους* u. s. w.

(dahingegen wieder griech. *πρόχνυ*). Ebenso griech. *ἐπίβδᾰ*,[1] vgl. Joh. Schmidt Kz. XXV 55. Hierher gehören endlich auch die Imper. *ἀπόσχες, ἐπίσχες, περίθες, ἀπόδος*.

In Fällen, wo das zweite Compositionsglied mit einem langen Vocale oder Diphthong anlautete, und der erste sonst vocalisch auslautende Theil als consonantisch erscheint, tritt der Accent nicht hinter diesen langen Vocal resp. Diphthong, welcher die letzte Silbe des ersten Compositionsbestandtheiles entweder wirklich enthält oder zu enthalten scheint. Enthalten wird sie wahrscheinlich in *ἀγροῖκος*.[2] *κακοῦργος, πανοῦργος*, u. s. w., scheinbar enthalten in *αὐτῆμαρ, ἐννῆμαρ, ποσσῆμαρ*, für dessen Betonung Schröder Kz. XXIV 108 keinen Rath weiss. Weiterhin sind hierher zu stellen die auffällig betonten *γλαυκώψ, γοργώψ, ἀγλαώψ, δεινώψ, κελαινώψ, μονώψ, ταυρώψ* und die Femin. *γλαυκῶπις, βλοσυρῶπις, αὐλῶπις* u. s. w. (Freilich kommen auch vor: *ὕδρωψ, κέρκωψ, κύκλωψ, ἑλίκωψ* u. a., wofür aber Arcad. 94, 25 = Lentz Herod. I 247, 17 keine durchschlagende Regel zu geben vermag; vgl. auch Lobeck Ajax [3]338 f. Eine Theilung *ὕδρ-ωψ* blieb wegen *ὑδρ-αγωγός, ὑδρ-αλέτης, ὑδρ-άρπαξ, ὑδρ-έλαιον* u. s. w. immer noch frei; so *ἑλίκ-ωψ* wegen *ἑλικ-αυγής, ἑλικ-άμπυξ, ἑλικ-τήρ, ἑλικτός* u. s. w. So *αὔτ-αρκες* wegen *ἀρκέω, ἄρκος* u. s. w.)

Unter denselben Gesichtspunct fallen nun, wie ich glaube, die erwähnten Ausnahmen: *ξιφῆρες, πετρῶδες, ἀλσῶδες, λυσσῶδες, φρενῶλες, Λυκῶρες, αὐτῶρες, νεῶρες, ἀμφῶες* (*οὖς*).

Wir gehen nun zu unserer dritten Hauptregel[3] über:

---

[1] Auch falls *ἐπίβδα* als *ια*-Bildung (cf. *πτέρνα* aus **πτέρνια*, skr. *pā́rshni-*) mit Schwund des *i̯* nach Doppelconsonans zu betrachten ist, ist das Beispiel gleich treffend.

[2] *ἄγροικος* 'baurisch' ist secundär und spät entwickelt, nachdem die Etymologie ausser Acht gelassen wurde, worüber weiter unten. Die Sonderexistenz von *οἶκος* ermöglichte auch die Theilung *ἄγρ-οικος*.

[3] Bei einigen der hier folgenden Vergleichungen muss es zweifelhaft bleiben, ob urindogermanische W ö r t e r oder bloss urindogermanische Bildungsweisen vertreten sind. Besonders muss bei den mehr „lebendigen“ Suffixen, z. B. in dem Falle von *πάτριος*, *pitriya-*, solcher Zweifel obwalten. Nur die Gesammtheit der Erscheinungen kann Beweiskraft beanspruchen.

III. Wenn der grundsprachliche Accent auf derselben Silbe mit dem Secondäraccent ruht, bleibt er.

Beispiele sind: *δώδεκα*, skr. *dvādaça; ἕνδεκα* (vgl. skr. *ékādaça*).

ἄγγελος 'Bote', *áñgira-s* 'Götterbote'.

ἔντερον, skr. *ántara-m* 'das Innere'.

ἔορες · *προσήκοντες, συγγενεῖς* Hesych, skr. *svásāras*.

νέποδες 'Kinder, junge Braut', skr. *nápātas*; Cur. Grdz. ⁵267, Osthoff Perf. 599 ff.

θύγατερ, skr. *dúhitar* 'Tochter', *θύγατερ Διός* = *dúhitar divás* 'Morgenröthe' (Fick Wtb. I³ 120).

πότνια, skr. *pátnī* 'Beherrscherin, Gattin'.

πίειρα, skr. *pīvarī* (vgl. *πίων*, skr. *pīvan-*).

ὕστερος 'späterer', *úttara-* 'obere'; *ὕπερος, ὕπερον* 'Mörserkeule, Thürklöpfer'; *ὕπερα* Nt. pl. 'Spannenmesser, eine Raupenart', skr. *úpara-* 'unterer, hinterer, näherer' u. s. w.; *χθόνιος* 'unterirdisch', skr. *kshámiya-* 'auf dem Erdboden befindlich'. Das griechische Wort zeigt in seinem -*ν*- Beeinflussung durch *χθών*, Osthoff M. U. I 209 Anm.

ἅγιος 'heilig', skr. -*yájya*, vgl. *devayájya-* n. 'Götterverehrung'. Nom. actionis auf -*ya* sind in Bezug auf Bildung und Betonung den Gerundiis gleich, vgl. Whitney §§ 1213 c, 1213 a; *πάτριος*, skr. *pítriya-* 'den Vätern gehörig'; *ζύγιος* 'zum Joch gehörig, bespannt', skr. *yújiya-* 'verbunden', Subst. neut. 'Wagen, Jochtier', *ἵππιος* 'auf Pferde bezüglich', *áçvya-* 'dem Rosse angehörig', *áçvīya-* 'dem Pferde zuträglich', Subst. neut. 'Pferdeschaar' (*açviyá-* 'auf das Ross bezüglich'); *οἴα*, *ὄα* 'Schaffell', *ávya-* 'vom Schafe herrührend'; *ὤνιος* 'käuflich', *vásnya-* 'werthvoll'.

ἄφθιτος, skr. *ákshita-* 'unvergänglich'; *ἄβατος*, skr. *ágata-* 'nicht gegangen'; *ἄγνωτος*, skr. *ájñāta-* 'unbekannt'; *ἄμβροτος*, skr. *ámarta-* 'unsterblich'; *ἄητος* Hom. *ἅπ. λεγ.* Il. 21, 395, *θάρσος ἄητον* gewöhnlich mit 'impetuosus animus' übersetzt, skr. *ávāta-* 'unangefochten'.

ὀκτώπους u. s. w., skr. *ashṭápad-* 'achtfüssig'; *ἑκατόμπους*, skr. *çatámpad-* 'hundertfüssig'.

βάρδιστος;[1] 'langsamster', skr. *mrádishṭha-*; ἐλάχιστος, skr. *rágishṭha-* 'kleinster'; μέγιστος, skr. *máhishṭha-* 'grösster'; ὤκιστος, skr. *áçishṭha-* 'schnellster'.

ἥδιον, *svádīyas* 'süsser'; ὤκιον (?), *áçīyas* 'schneller', vgl. ἆσσον 'näher', *ánhīyas* 'enger'; ἐλάσσων, *rághīyān* 'leichter', vgl. Joh. Schmidt Kz. XXV 156; über die Betonung von ἔλασσον vgl. oben S. 41 Anm.

δόμεναι, *dā́mane* (Dat.) 'das Geben'; ἔδμεναι 'zu essen', *ádmane* 'zur Speise'; στήμεναι, *sthā́mane-* Dat. v. *sthā́man-* 'Standort'; θέμεναι 'zu setzen', *dhā́man-* 'Sitz', Dat. *dhā́mane*. Von den fünf nach Delbrück Altind. Verb 266 belegten Infin. auf *-mane*, ist *vidmáne* (= ἴδμεναι) allein paroxytonon: dass wir aber mit diesen Accentvergleichungen auf die Grundsprache zurückreichen können, ist zweifelhaft; Gust. Meyer Kz. XXIV 256 nimmt an, dass diese Formen alle ursprünglich paroxyt. waren; vgl. δοῦναι (= δοϜέναι) = skr. *dávāne*, und unten S. 58.

Der Infin. auf *-dhyāi* im Skr. betont meistens den „thematischen Vocal": *tarádhyāi, çayádhyāi* u. s. w.; in einigen Fällen wird aber die Wurzelsilbe betont, z. B. bei *gámadhyāi, yájadhyāi*, vgl. Delbrück altind. Verbum 226; Whitney Gr. § 976. Das griechische bewährt beide Typen, vertheilt sie aber nach einem anscheinend einzelsprachlich entwickelten System, indem die Paroxytona auf den Aorist beschränkt werden: λιπέσθαι, γενέσθαι, πιθέσθαι. Eine Uebersicht des in der älteren altind. Sprache überlieferten Materials zeigt, dass die Wahl zwischen den zwei Typen nicht streng durch die herrschenden Praesensbildungen bedingt wurde. Es begegnen zwar *sáhadhyāi* neben *sáhante*, *pibadhyāi* neben *píbāmi*, *ksháradhyāi* neben *kshárantí, gámadhyāi* neben *gámanti, bháradhyāi* neben *bhárāmi, váhadhyāi* neben *váhāmi, yájadhyāi* neben *yájasi, duhádhyāi* neben *duhánti, huvádhyāi* neben *huvéma*, doch haben wir andererseits *sacádhyāi* neben *sácase, jarádhyāi* neben *járase, tarádhyāi* neben *tárati*,

---

[1] In welchem Sinn die Initialbetonung der Superlativa als einen ererbten Accent betrachtet werden kann, ist schon Seite 40 f. erörtert worden.

mandádhyāi neben *mándase, vandádhyāi* neben *vándate, çucádhyāi* neben *çócanti, carádhyāi* neben *cárasi;* ebenso differieren im Accente bei den Bildungen von causat. Stämmen: *vartayádhyāi* und *vartáyatha, vājayádhyāi* und *vājáyāmas* u. s. w. Es ist aber nicht zu verkennen, dass in allen Fällen, wo Proparoxytonirung vorliegt, Praesensbildungen der ersten Classe daneben stehen. Demnach möchte man vermuthen, dass die Paroxytonierung bei allen diesen Bildungen die ursprüngliche Regel gewesen sei; dass aber frühzeitig wenigstens im Leben der beiden Einzelsprachen eine Accentveränderung nach dem Muster der jeweilig nebenhergehenden Formen des Verbum Finitum eintrat. Uebereinstimmungen also wie ἔχεσθαι = *sáhadhyāi*, φέρεσθαι = *bháradhyāi* mögen immerhin nur zufällig entstandene sein.

Die Infinitiva auf -μεναι pflegt man als Proparoxytona anzusetzen. Da aber die sämmtlichen Formen nur episch und lesbisch sind, so ist die Berechtigung dieses Accentansatzes durchaus fraglich. Nichts ist also einerseits auf die Discrepanz von: ἴδμεναι und ved. *vidmáne*, andererseits auf das Zusammentreffen der Betonung in ἔδμεναι und *ádmane*, δόμεναι und *dā́mane*, θέμεναι und *dhā́mane* zu geben. Was das Sanskrit betrifft, so zeigt möglicher Weise *vidmáne* als ein mehr isolierter Fall die ursprüngliche Betonung, während ved. *dā́mane, dhā́mane, ádmane, trā́maṇe, dhármaṇe*, als in einer vollständiger durchdeklinierten Paradigma stehend den Einfluss anderer, wurzelbetonter Casus des gleichen Systems aufweisen.

Attisch δοῦναι kann aus *δοϝέναι = ved. *dāváne* (kypr. δοϝεναι hat keinen Accent) wohl gedeutet werden, wie aus παῖδες = *παϝίδες, ἑστῶτος = *ἑσταϝότος u. dergl. ersichtlich. Und eben diese Deutung der δοῦναι, wie die entsprechende von θεῖναι = *θεϝέναι, ist um so wahrscheinlicher, als auch die griech. ἰέναι, εἰδέναι (für *ϝιδϝέναι = avest. *vîdvanôi*), δεδιέναι, εἰκέναι (über die Bildung dieser mit -ϝεναι vgl. Wackernagel Kz. XXV 273, Osthoff M. U. IV 64, 130) in der Betonung zu dem vedischen Unicum *dāváne* durchaus stimmen.

Zu dieser Regel (III) sind nun sehr wenige Ausnahmen zu verzeichnen. Die hervorragendste ist wohl ἑκυρός 'Schwiegervater, Schwäher'. Dass der idg. Accent auf der ersten Silbe lag, ist sicher nach skr. *çváçura-* und german. **swéhro-*, in got. *swaihra*, ahd. *swëhur*, ags. *sweor* (aus **sweohor*); lit. *szészuras*, russ. *svëkoru* und alban. *vieher, viéř*, dessen *-ie-* ein haupttoniges *e* vertritt; Gust. Meyer Alban. Stud. II 19. Wie ist nun ἑκυρός entstanden? Prof. Brugmann theilte mir mit, er denke an Beeinflussung seitens des gleichbedeutenden πενθερός.[1] Besser erscheint es mir aber, an ἑκυρά zu denken, dann haben wir einen ähnlichen Vorgang, wie die neuhochdeutsche Verdrängung von *Schwäher* durch *Schwieger-vater* (Kluge, Etym. Wtb. S. [1]309). Was auch die ursprüngliche Form des Femininums sonst gewesen sein mag, sicherlich war sie oxyton; vgl. skr. *çvaçrū́- : çváçura-* = ahd. *swigar*, ags. *swëʒer*: ahd. *swëhur*, ags. *sweor* = russ. *svekróvĭ* : *svëkorŭ*. Vice versa ist got. *swaihrô* Neubildung nach *swaihra*.

Aehnliche Beeinflussungen des Masculinums durch das entsprechende Femininum sind sonst bekannt. Nach Osthoff Gesch. d. Perf. S. 468 ist ἀνεψιός griechische Neubildungen nach ἀνεψιά, skr. *naptī́*. Das Mascul. hätte **νέπως* (vgl. νέποδες = *nápātas*) zu lauten.

Weiter vgl. μητρυιός 'Stiefvater' (Pollux) nach μητρυιά 'Stiefmutter' (Hom.), statt πατρωός 'Stiefvater' (Plut. u. spät). So auch ἑταῖρος statt ἕταρος (beide Hom.) durch Einfluss von ἑταίρα[2] (= **ἕταρι̯α*, genit. **ἑταρι̯ᾶ́ς*); nur auf diese Weise erklärt sich der Accent ἑταῖρος. So ferner ἴδυῖοι 'Aufseher' statt εἰδότες nach ἰδυῖαι fem. Brugmann Kz. XXIV 81, 83, Techmer's Internat. Zs. I 242. ἀδελφός erscheint bekanntlich erst bei Aeschylus; Hom. hat nur ἀδελφεός und ἀδελφειός (ἀδελφηός?); schon Wackernagel Kz. XXV 271 hat ἀδελφός nach Einfluss von ἀδελφή aus ἀδελφεϝή erklärt: „Das masculinische ἀδελφός scheint das gemeinsame Product aus dem

---

[1] An γαμβρός (= lat. *gener*) 'Schwiegersohn' wäre auch zu denken, obwohl der Accent durch keine Vergleichung zu versichern ist.

[2] ἑτάρη kommt auch vor, — jedenfalls durch Einwirkung von ἕταρος.

Vocative *ἄδελφε* und dem Femininum.“ Was er aber mit dem *ἄδελφε* will, verstehe ich nicht; die Betonung ist nur attisch, vgl. Ammon. 117, und vielleicht wie die Form selbst, nach dem schon oben S. 50 bemerkten, von ganz junger Entwickelung.

Ausser *ἐκυρός* liegen noch keine sichere Ausnahmen derselben Art vor; *οὐρανός* (dor. *ὠρανός*, lesb. *ὄρανος*) neben *Váruṇa-* könnte gerade die alte Betonung der Adject. auf *-aná-* beibehalten, wie in *tvaraṇá-* 'eilend', *rōcaná-* 'leuchtend', *çaraṇá-* 'schützend', *svapaná-* 'schläfrig', u. s. w., vgl. Lindner Nominalb. S. 40 f.; wo Wurzelbetonung vorkommt, wie in *káraṇa-*, *dhárana-*, *mádana-*, *sváraṇa-* u. s. w., ist das fast immer in Anschluss an die Verbalbetonung *kárati*, *dhárati*, *mádati*, *svárati* u. s. w., vgl. griech. *ἱκανός* (*ἵκω*), *ἀγανός* (*ἄγαμαι*), *πιθανός* (*πείθω*), *λιχανός* (*λείχω*), *ῥοδανός*, *ἑδανός* (*ἔδομαι*), *ὀρφανός*, *στυγανός* (*στυγέω*), *ὠκεανός* (*κεῖμαι*), letzteres scheinbar mit einer Praepos. zusammengesetzt (Fierlinger Kz. XXVII 477), vgl. skr. *upariçayaná-*. Auch in *ἑᾱνός* 'Kleid, biegsam, anziehbar' haben wir adjectivische Betonung gegenüber *vásana-* n. 'Kleid', vgl. *káraṇa-* n. 'That', *karaṇá-* 'thätig', so auch *ἐδανός* 'essbar' Aesch. gegenüber skr. *ádana-* n. 'das Geniessen'. Weit weniger zu vergleichen sind das späte *πλατυκός* 'breit' und *pṛ́thuka-* m. 'breitgedrücktes Korn'. *Váruṇa-* hat seine Betonung vom Vocativ her; vgl. S. 51 Anm.

Regel IV.: Daktylisch ausgehende Oxytona werden zu Paroxytona.

Es ist schon von Bopp vergl. Accentuationssyst. S. 128 u. 280 Anm. 183 bemerkt worden, dass das Griechische eine besondere Neigung zeigt, Wörter von pyrrhichischem Ausgang zu paroxytonieren. Einigermassen ein Gegenstück dazu ist der von Brugmann Cur. Stud. IV 161 beobachtete Fall, dass bei Oxytonesis ein trochäischer Wortausgang beibehalten ist: *λαγωός*, *ἀλωός*, *πατρωός* gegenüber *γάλοως* (für **γάλωος*), *Ἄθοως*. Noch weiter geht Curtius Fleckeis. Jahrb. XXV (1855) 352, wo er von einer Neigung, Wörter von daktylischem

Ausgang zu paroxytonieren, spricht, er hat aber, so viel ich weiss, der Sache niemals eine historische Deutung gegeben. Angeregt durch diese Bemerkungen und noch weiter durch einige werthvolle Beobachtungen des Herrn Prof. Brugmann, die er in höchst freundlicher Weise mir zur Verfügung gestellt hat und die im folgenden einzeln unter seinem Namen angeführt werden,[1] habe ich eine Anzahl von Fällen gesammelt, worin eine Paroxytonesis als historische Nachfolgerin einer Oxytonesis steht.

A. Adjectiva auf -λος, -ρος. Im Skr. wie im Gr. ist die herrschende Betonung der Adjectiva auf *-ro-*, *-lo-* diejenige als Oxytona. Vgl. *kshiprá-*, *çukrá-*, *turá-*, *ishirá-*, (ἱερός), *badhirá-*, *sthirá-*, *dhūmrá-*, *rudhirá-* (ἐρυθρός), *çithirá-* 'locker, lose' (καθαρός[2] 'offen, frei, rein'), *pīvará-* (πιερός); *vithurá-* 'wankend', vgl. *vyathish-* 'Gang' (ἰθαρός, vgl. ἰθαραῖς· ταχέσιν, ἱλαραῖς, καλαῖς, καθαραῖσ[ι], κούφαις, (γ)λ[ε]υκείαις, ταχείαις, auch ἴθη· εὐφροσύνη; wenn man nach Osthoff M. U. IV 149 mit skr. *vīdhrá-* vergleicht, dann muss man, trotz abulg. *vedro* 'bei klarem Himmel', in **vi-idhrá-* theilen); *kshārá-* (ξηρός); *patará-* 'fliegend' (πτερόν 'Feder, Vogel, Loos', d. h. 'das fliegende'.

Germ.: *heiter*, ahd. *heitar*, vorgerm. *kaitró-*, skr. *citrá-*; *mager*, ahd. *magar*, vorgerm. *makró-*, gr. μἄκρός, lat. *macer*; got. *abrs* 'heftig', skr. *āprá-* 'eifrig' (?), Kluge Kz. XXV 312.

Ebenso bei *-lo-*; *sthūlá-*, *salilá-*, *bahulá-*, *jīvalá-*, *pālá-*, *çuklá-*, *bahulá-*, *kapilá-*; griech. ἁμαλός, (skr. *ko-malá-* 'weich' Fick Wtb. [3] 173), χθαμαλός (*humilis*), χαμηλός, τραπελός 'leicht zu drehen' (skr. *tṛprá-* 'unruhig' (?)), παχυλός (: παχύς :: *madhulá-* : *madhú-*), ἁμαρτηλός, ἀπατηλός, ὁμαλός, σιγηλός, ἐσθλός, ῥιγηλός, στυφελός, τυφλός u. s. w.

---

[1] Für meine Auffassung der genannten Erscheinung kann ich den Herrn Prof. Brugmann aber keineswegs verantwortlich machen, da er sie etwas anders aufgefasst hat, und zwar als bloss an die Kürze der vorletzten Silbe sich anknüpfend.

[2] Die älteste Bedeutung von καθαρός ist 'frei, offen': ἐν καθαρῷ Il. 8, 491 'im Freien', ἐν καθαρῷ λειμῶνι 'auf freier Wiese' Theokr. Man vergleiche auch den Gebrauch des καθαρός bei Grammatikern, die einen Vocal ohne vorhergehenden Consonanten so nennen. Es bietet sich so ein weiteres Beispiel von Ten. asp. indog. *th* = gr. ϑ dar.

Mit der „Nominalbetonung“ haben wir hier natürlich nichts zu thun: z. B. ἄργυρος, γέργερος (skr. *gárgara-* 'Strudel' (?), Fick Wtb. I [3] 71), ῥόθρος, κάπρος (aber vorgerm. *kaprú-* im Deutschen *Haber-*, *Haber-geiss*), πέτρος, σίδηρος, ὦχρος 'Blässe' (ὠχρός 'blass'; falls von Fierlinger Kz. XXVII 478 das richtige getroffen hat, dann ist dieser Accentunterschied erst im Griechischen entwickelt); γῦρος 'Kreise' (γυρός 'gekrümmt'), ἕταρος (?), κόπρος, κύλινδρος, τάφρος u. s. w. ἄγγελος (skr. *áñgira-*), ἄμπελος, κάπηλος, ὄχλος (√*u̯egh*[1]), σκόπελος, τράχηλος u. s. w.

German: ahd. *hadara*, mhd. *hader* 'Lappe, Lumpen' (= idg. *kátro*, *kátrā*; vgl. adj. *çithirá-*, καθαρός?).

Skr. *vájra-* 'Donnerkeil' √*vaj-*, *várdhra-* 'Gurt', *çváçura* 'Schwäher' (got. *swaihra*, gr. ἑκυρός st. *ἕκυρος, vgl. S. 59), *ásira-* 'Pfeil', *çámbara-* 'Dämon', *cévāra-* 'Schatzkammer', *músala-* 'Mörserkeule', *ánila-* 'Wind', *çámala-* 'Befleckung', *çárīra-* 'Körper' u. s. w.

In auffallendem Contrast mit der Masse der oxytonierten Adjectiva, erscheinen nun diejenigen, welche einen dactylischen Ausgang haben, als Paroxytona, z. B.: ἀγκύλος 'krumm, gewölbt, gekrümmt' aus *ἀγκυλός = skr. *añkurá-* 'Sprössling, Haar, Anschwellung'; Grundbedeutung 'krumm'; vgl. ahd. *angul* 'Stachel, Fischangel, der ins Heft eingefügte Theil des Schwertes', ags. *angel* 'Angel', as. *angul*, an. *öngull* = vorgerm. *ankulós* (oder *ankúlos*).

ποικῖλος 'bunt, verziert, mannigfaltig' aus *ποικιλός = skr. *peçalá-* 'künstlich gebildet, geziert, schön'; vgl. got. *filufaihô* Eph. 3, 10, Cod. A. 'sehr mannigfach' (πολυποίκιλος), ahd. *fêh* 'bunt', ags. *fâh*, *fâg* = skr. *péça-* in *purupéça-* 'vielgestaltig'. So auch αἰδύλος, αἰόλος (αἴολος als Fischname wird geschrieben, vgl. Lobeck Paralip. 344, und Αἴολος neben Αἰόλος als Eigenname, vgl. Chandler Greek Accentuation § 282) αἱμύλος, γογγύλος, δριμύλος, ἡδύλος, καμπύλος, κωτίλος, μικκύλος, στωμύλος, — sämmtlich von dactylischem Ausgange; ich kenne keine Ausnahmen. So auch die Eigennamen: Αἰσχύλος, 'Ρωμύλος, Ζωΐλος, Τρωΐλος, Πενθίλος, Τρωγίλος, Κρωβύλος, Μυρσίλος, Μυρτίλος, Ὀξύλος, Ταξίλος u. s. w. Viele von diesem Typus sind aber nach dem Vocativ, oder nach der allgemeinen Analogie von anderen Eigennamen proparoxyton, viele schwanken. Vgl. Chandler a. a. O. §§ 280, 281.

Besonders auffällig ist die Betonung der aus Simplicia auf *-ύς* gebildeten Adjectiva auf *-ρος, -λος*; wie skr. *madhulá-* (aus *madhú-*), *bahulá- (bahú-)*, *paṁsurá- (paṁsú-)* 'staubig', so im griech. neben *λιγύς* 'hell, laut', *λῐγυρός* 'pfeifend' (beide Hom.). So ferner griech. *πᾰχυλός* (*παχύς*) 'etwas dick'; *πᾰχυλός : παχύς = bahulá- : bahú-*.

τρᾰ(σ)υλός = τραυλός 'lispelnd, schnarrend, stotternd' (vgl. Kluge Kz. XXVI 87), von der Wurzel *tres-* in *τρέω* 'zittere', skr. *trásāmi* 'zittere', *tṛshṭá-* 'kratzend, holperig, heiser, rauh' (von der Stimme, PW.), *tṛshú-* 'flink, heftig, gierig', altbulg. *tręsą sę* 'zittere'; vgl. Hesych. I 170 *τραυλόν· ἡδύ, λεπτόν* („Mox *ἡδύ λεπτόν* de voce hirundinis intelligo". M. Schmidt a. a. O.). Ich darf daher setzen: *τραυλός* (= idg. *tṛsulós*): **τρα(σ)ύς = *tṛshulá-* (vgl. *bahulá-*) : *tṛshú-*.[1]

δαυλός 'dicht bewachsen' (= **δασυλός*, vgl. *δασύς*, lat. *densus*. Gegenüber dem Einwand von Gust. Meyer griech. Gramm. § 108 Anm. ist zu bemerken, dass wohl eine Erklärung für die Beibehaltung des *σ* in *δασύς* erforderlich ist, nicht aber die Preisgebung dieser Etymologie, wie ich mit Osthoff M. U. II 44 ff., IV 187 Anm. urteile.[2]

Wenn nun andrerseits diese Adjectiva einen daktylischen Ausgang haben, tritt der Accent auf die vorletzte Silbe zurück, z. B.: *δρῖμῦλος : δρῖμύς*; *ἡδύλος : ἡδύς* (*ἡδύς: svādú- = ἡδύλος: *svādulá-*). Seitens der Lautgesetze steht nichts im Wege, *φαῦλος* 'schlecht' aus **φαυ(σ)ύλος* und letzteres wieder aus **φαυσυλός* zu erklären; — **αυύλος* ward zu *-αῦλος*. Der Circumflex auf der Penultima kann sowohl eine ur-

---

[1] Ein partieller Zusammenfall mit Bildungen von der Wurzel *tṛsh-* 'dürr sein' ist hier wohl auch nicht abzuleugnen.

[2] Ein anderes sicheres Beispiel der intervocalischen *s*-Verhauchung nach vorhergehendem *α* = Nas. son. findet sich nach Osthoff (mündlich) in *δαῆναι, δαήμων, δεδάασι, ἔδαον, ἀδαής*, deren Wurzelsilbe *δα(σ)* = indog. *dn̥s-*, altind. *das-* in *das-rá-s* 'wunderthätig' ist und die Tiefstufenform zu aind. *daṅs-* in *daṅsánā, dáṅsishṭha-, dáṅsas* ntr. (= griech. *δῆνος*) liefert (Fick I [3] 103, 342 f., 610 f., Curtius Grdz. [5] 230, Grassmann Wtb. z. Rgv. 569).

sprüngliche Paroxytonesis wie Proparoxytonesis vertreten; vgl. die schon oben besprochenen Fälle dieser Art: *δοῦναι* aus *δοϜέναι (dâváne)*, *ἑστῶτος* aus *ἑσταϜότος*, *παῖδες* aus **παϜίδες* ferner *τοὖπος* aus *τὸ ἔπος* u. dergl. mehr. Auf diese Weise kann man auch *φαῦλος* mit ahd. *bôsi* 'böse' von idg. *bhaus*- vermitteln: nach der gewöhnlichen Umbildungsweise der *u*-Adjectiva im Westgermanischen, wie sie z. B. ahd. *durri* = got. *þaursus,* aind. *tṛshú-,* ahd. *dunni* = aind. *tanú-;* ahd. *suozi* = aind. *svādú-*, gr. *ἡδύς* zeigen (Joh. Schmidt Kz. XXVI 372, Mahlow d. lang. Voc. A E O 30, Osthoff PB Beitr. VIII 281, Perf. 454), ahd. *herti* = got. *hardus*, gr. *κρατύς*, lässt sich ja ein **bausus* als der gotische Reflex des ahd. *bôsi* unbedenklich voraussetzen. Vielleicht wird *σαῦλος* 'geziert im Gange, zärtlich, weichlich' eine ähnliche Erklärung haben; *κοῖλος* 'hohl' wird gewöhnlich aus **κόϜιλος* erklärt: Dietrich Kz. X 442, Cur. Grdz. [5] 157, Renner Cur. St. I 187, Misteli Kz. XIX 106 Anm., Brugmann Cur. Stud. IV 152 u. s. w. Ich möchte es aber auf **κωϜῖλος* aus **κωϜῑλός* zurückführen und stütze mich dabei auf folgendes:

Erstlich: *Κόως*, *Κώς* aus **Κῶος*, **ΚῶϜος*, wie *γάλοως* aus **γάλωϜος*, *Ἄθοως* aus **ἌθωϜος*, Brugmann Cur. Stud. IV 161; *κῶς· νῆσος, καὶ δέρμα, εἱρκτή, δεσμωτή(ριον)* Hesych. Zweitens: *κοΐλος* Mimn. 12, 6, Alkm. Frg. 15 (vgl. Mangold Cur. Stud. VI 203, Meister gr. Dial. I 97) kann natürlich nicht mittels Epenthese aus **κοϜιλος* erklärt werden. Ahrens Dial. I 106 schreibt evident richtig *κωΐλος*; Brugmann Cur. Stud. IV 152 gibt auch die Möglichkeit zu. Anecd. Ox. I 219, 5 wird *κοῖλος* von *κῶ-* abgeleitet. Auch in *ὁμοΐιος* (*ὁμῶς*) *Δ*. 315, 344 u. s. w. und *γελόϊιος* (*γέλως*) muss man, glaube ich, *ὁμωΐος, γελωΐος* schreiben. Drittens: die Betonung *κοΐλος* ist durch Joh. Alex. *Τον. Παρ.* 6, 23 überliefert in einer Stelle, wo sie durch den Zusammenhang gesichert wird. In der Stelle Anecd. Ox. I 219, 3 — *ἐπειδὴ εὑρέθη κατὰ διάστασιν κόϊλος καὶ ἐν συναιρέσει κοῖλος ὡς Ζώϊλος* hat Ahrens Dial. I 106 Anm. 7 *κώϊλος* nach *Ζώϊλος* zu lesen vorgeschlagen. *Ζωΐλος* ist aber der richtige Accent; vgl. Arcad. 55, 21 und *Τρωΐλος*, *Τρωγίλος* u. s. w.; man müsste daher vielmehr in *κωΐλος* ändern.